# Memotret Wajah Singapore Inc. di Indonesia: Jejak Kapital, Diplomasi, dan Ekonomi Intelijen Singapura di Indonesia Paska-Krisis 1998

Kamaruzzaman Bustamam Ahmad

Published by KBA13 Insight, 2025.

MEMOTRET WAJAH SINGAPORE INC. DI INDONESIA: JEJAK KAPITAL, DIPLOMASI, DAN EKONOMI INTELIJEN SINGAPURA DI INDONESIA PASKA-KRISIS 1998

**First edition. October 19, 2025.**



ISBN: 979-8231722419

Written by Kamaruzzaman Bustamam Ahmad.

# Daftar Isi

# MEMOTRET WAJAH SINGAPORE INC. DI INDONESIA

## Jejak Kapital, Diplomasi, dan Intelijen Ekonomi Singapura di Indonesia Pasca-Krisis 1998

Prof. Kamaruzzaman Bustamam Ahmad, Ph.D.

KBA13 INSIGHT

# Memotret Wajah Singapore Inc. di Indonesia

## Jejak Kapital, Diplomasi, dan Intelijen Ekonomi Singapura di Indonesia Paska-Krisis 1998

Kamaruzzaman Bustamam Ahmad

# KBA13 INSIGHT
2025

**MEMOTRET WAJAH SINGAPORE Inc. di Indonesia:** Jejak Kapital, Diplomasi, dan Intelijen Ekonomi Singapura di Indonesia Paska-Krisis 1998

**Penulis:**

Kamaruzzaman Bustamam Ahmad

**Penerbit:**

KBA13 Insight

www.kba13.com[1]

**Tahun Terbit:**

2025



**Penerbit:**

KBA13 Insight

Platform Kajian Geopolitik, Keamanan, dan Strategi

Website: www.kba13.com[2]

1. http://www.kba13.com

2. http://www.kba13.com

## Daftar Isi

# 6

# Kata Pengantar

Segala puji syukur ke hadirat Allah SWT, yang dengan izin-Nya penulisan monograf ini dapat diselesaikan. Monograf berjudul *"Perusahaan-Perusahaan Singapura yang Menguasai Perekonomian Indonesia"* merupakan hasil kajian akademik yang lahir dari keprihatinan terhadap realitas hubungan ekonomi Indonesia dan Singapura.

Sejak krisis finansial Asia 1998, Indonesia menjadi lahan subur bagi ekspansi modal asing. Dari sekian banyak aktor, Singapura tampil paling agresif dan sistematis dalam menguasai sektor-sektor strategis: keuangan, energi, telekomunikasi, real estate, hingga agroindustri. Melalui instrumen seperti Temasek Holdings, GIC, DBS, OCBC, UOB, Singtel, CapitaLand, Mapletree, Keppel, Sembcorp, dan Wilmar, Singapura tidak sekadar berinvestasi, melainkan membangun pola dominasi yang terintegrasi dengan diplomasi dan intelijen bisnis.

Kehadiran monograf ini dimaksudkan untuk memberi perspektif kritis dan komprehensif bagi kalangan akademisi, pembuat kebijakan, serta masyarakat luas. Monograf ini tidak hanya menyajikan data, tetapi juga mengungkap modus operandi, strategi, serta aktor yang terlibat dalam membentuk ketergantungan ekonomi Indonesia terhadap Singapura.

Ucapan terima kasih saya sampaikan kepada berbagai pihak yang telah mendukung penyusunan karya ini, khususnya jaringan akademik, peneliti, dan lembaga yang terus menginspirasi lahirnya kajian-kajian kritis di ranah geopolitik dan ekonomi politik.

Semoga monograf ini menjadi kontribusi kecil dalam memperluas wawasan, memperdalam diskusi, dan memperkuat komitmen kita bersama untuk menjaga kedaulatan ekonomi Indonesia di tengah dinamika regional dan global.

Banda Aceh, 2025

**Kamaruzzaman Bustamam Ahmad**

# Ringkasan Eksekutif

Monograf ini menganalisis secara kritis dominasi perusahaan-perusahaan Singapura dalam perekonomian Indonesia sejak krisis 1998. Temuan utama menunjukkan bahwa Singapura, melalui kombinasi instrumen negara dan swasta, telah membangun pola penguasaan ekonomi yang berlapis: investasi langsung, akuisisi perusahaan lokal, kontrol sektor strategis, hingga pengaruh diplomasi dan intelijen bisnis.

**Temuan utama:**

1. **Aktor Utama:**
   a. *Temasek Holdings* dan *GIC* sebagai pengendali investasi negara.
   b. Perusahaan swasta besar seperti DBS, OCBC, UOB (keuangan); Singtel (telekomunikasi); CapitaLand dan Mapletree (real estate); Keppel dan Sembcorp (energi); serta Wilmar (agroindustri).
2. **Sektor Strategis:**
   a. Keuangan: dominasi melalui akuisisi bank lokal dan kontrol aliran modal.
   b. Energi: penguasaan suplai listrik dan perdagangan komoditas.
   c. Telekomunikasi: akses data melalui kepemilikan

Telkomsel.

d. Real Estate: pembangunan gedung, kawasan industri, dan pusat perbelanjaan.
e. Agroindustri: kontrol rantai pasok sawit, gula, dan pangan pokok.

3. **Modus Operandi:**
   a. Merger dan akuisisi dengan kepemilikan tidak langsung.
   b. Lobi politik dan regulatif untuk mempermudah investasi.
   c. Dukungan think tank (ISEAS, RSIS, hingga CSIS) untuk membentuk narasi kebijakan.
   d. Intelijen bisnis Singapura yang mendukung strategi perusahaan.
4. **Keuntungan Ekonomi:**
   a. Sejak 2013, Singapura konsisten sebagai investor asing terbesar di Indonesia.
   b. Keuntungan bersih Singapura dari Indonesia diperkirakan mencapai ratusan miliar dolar AS dalam dua dekade terakhir.
5. **Implikasi Strategis:**
   a. Ketergantungan ekonomi Indonesia pada Singapura meningkat.
   b. Sektor vital berada dalam kontrol asing.
   c. Kedaulatan ekonomi Indonesia menghadapi tantangan serius.

**Rekomendasi:**

- Indonesia harus memperkuat regulasi kepemilikan asing

di sektor strategis.

- Perlu membangun intelijen ekonomi nasional untuk mengurangi dominasi asing.
- Mengembangkan think tank independen yang mampu menghasilkan narasi tandingan.
- Menguatkan kerjasama regional berbasis kepentingan nasional, bukan ketergantungan.

Monograf ini menegaskan bahwa hubungan Indonesia–Singapura tidak semata hubungan ekonomi, melainkan sebuah dinamika geopolitik yang melibatkan aktor negara, korporasi, diplomasi, dan intelijen.

# Bab I Pendahuluan

Setelah krisis finansial 1997–1998, lanskap perekonomian Indonesia berubah drastis. Banyak aset dan sektor strategis Indonesia terbuka bagi investasi asing sebagai bagian dari reformasi ekonomi pasca-Orde Baru. Di tengah keterbukaan ini, Singapura muncul sebagai pemain dominan. Negara-kota kecil tanpa sumber daya alam ini memanfaatkan keunggulan finansial, jaringan global, dan kedekatan geografis untuk menanamkan pengaruh besar di berbagai sektor ekonomi Indonesia[1][1][2][2].

---

1. https://www.kba13.com/hubungan-indonesia-singapura-2025-analisis-strategis/#_853ae90f0351324bd73ea615e6487517__4c761f170e016836ff84498202b99827__853ae90f0351324bd73ea615e6487517_text_43ec3e5dee6e706af7766fffea512721_Singapura_0bcef9c45bd8a48eda1b26eb0c61c869_20dan_0bcef9c45bd8a48eda1b26eb0c61c869_20Indonesia_0bcef9c45bd8a48eda1b26eb0c61c869_20punya_0bcef9c45bd8a48eda1b26eb0c61c869_20relasi_c0cb5f0fcf239ab3d9c1fcd31fff1efc_masing._0bcef9c45bd8a48eda1b26eb0c61c869_20UNCTAD_0bcef9c45bd8a48eda1b26eb0c61c869_20menegaskan_0bcef9c45bd8a48eda1b26eb0c61c869_20vitalitas
2. https://www.kba13.com/hubungan-indonesia-singapura-2025-analisis-strategis/#_853ae90f0351324bd73ea615e6487517__4c761f170e016836ff84498202b99827__853ae90f0351324bd73ea615e6487517_text_43ec3e5dee6e706af7766fffea512721_Masuk_0bcef9c45bd8a48eda1b26eb0c61c869_20akal_0bcef9c45bd8a48eda1b26eb0c61c869_20saja_0bcef9c45bd8a48eda1b26eb0c61c869_20kalau_0bcef9c45bd8a48eda1b26eb0c61c869_20ekonomi_c0cb5f0fcf239ab3d9c1fcd31fff1efc_juga_0bcef9c45bd8a48ed

Interaksi ekonomi Indonesia–Singapura bersifat asimetris namun saling bergantung (interdependen). Singapura berfungsi sebagai hub finansial dan logistik global, sementara Indonesia menyediakan pasar besar serta sumber daya alam[3][3][4][4]. Pemerintah Indonesia sering memandang hubungan ini dengan sensitivitas tinggi – "negara kecil" Singapura dianggap memiliki daya ungkit finansial yang jauh melampaui ukurannya, bahkan hingga "menguasai" sektor-sektor kunci ekonomi Indonesia[5][5].

---

a1b26eb0c61c869_20sumber_0bcef9c45bd8a48eda1b26eb0c61c869_20iri_0bcef9c45bd8a48eda1b26eb0c61c869_20dan_0bcef9c45bd8a48eda1b26eb0c61c869_20curiga

3. https://www.kba13.com/hubungan-indonesia-singapura-2025-analisis-strategis/#_853ae90f0351324bd73ea615e6487517__4c761f170e016836ff84498202b99827__853ae90f0351324bd73ea615e6487517_text_43ec3e5dee6e706af7766fffea512721_simpul_0bcef9c45bd8a48eda1b26eb0c61c869_20perdagangan_0bcef9c45bd8a48eda1b26eb0c61c869_20dan_0bcef9c45bd8a48eda1b26eb0c61c869_20keuangan_0bcef9c45bd8a48eda1b26eb0c61c869_20regional_0bcef9c45bd8a48eda1b26eb0c61c869_3B_c0cb5f0fcf239ab3d9c1fcd31fff1efc_Pasifik_0bcef9c45bd8a48eda1b26eb0c61c869_20sebagai_0bcef9c45bd8a48eda1b26eb0c61c869_20teater_0bcef9c45bd8a48eda1b26eb0c61c869_20kompetisi

4. https://www.kba13.com/hubungan-indonesia-singapura-2025-analisis-strategis/#_853ae90f0351324bd73ea615e6487517__4c761f170e016836ff84498202b99827__853ae90f0351324bd73ea615e6487517_text_43ec3e5dee6e706af7766fffea512721_interdependensi_0bcef9c45bd8a48eda1b26eb0c61c869_20Singapura_0bcef9c45bd8a48eda1b26eb0c61c869_E2_0bcef9c45bd8a48eda1b26eb0c61c869_80_0bcef9c45bd8a48eda1b26eb0c61c869_93Indonesia_c0cb5f0fcf239ab3d9c1fcd31fff1efc_memanfaatkan_0bcef9c45bd8a48eda1b26eb0c61c869_20kelebihannya_0bcef9c45bd8a48eda1b26eb0c61c869_20sebagai_0bcef9c45bd8a48eda1b26eb0c61c869_20negara_0bcef9c45bd8a48eda1b26eb0c61c869_20besar

5. https://www.kba13.com/hubungan-indonesia-singapura-2025-analisis-strategis/#_853ae90f0351324bd73ea615e6487517__4c761f170e016836ff84498202b99

Di sisi lain, Singapura melihat Indonesia sebagai mitra penting sekaligus sumber risiko; stabilitas hubungan dengan Jakarta menjadi prioritas demi melindungi investasi dan pasokan kebutuhan vital (energi, pangan) mereka[6][6][7][7].

Monograf ini akan mengupas tuntas fenomena perusahaan-perusahaan Singapura yang menguasai perekonomian

---

827__853ae90f0351324bd73ea615e6487517_text_43ec3e5dee6e706af7766fffea512721_Selat_0bcef9c45bd8a48eda1b26eb0c61c869_20Malaka_0bcef9c45bd8a48eda1b26eb0c61c869_E2_0bcef9c45bd8a48eda1b26eb0c61c869_80_0bcef9c45bd8a48eda1b26eb0c61c869_93Singapura_c0cb5f0fcf239ab3d9c1fcd31fff1efc_di_0bcef9c45bd8a48eda1b26eb0c61c869_20Selat_0bcef9c45bd8a48eda1b26eb0c61c869_20Malaka_0bcef9c45bd8a48eda1b26eb0c61c869_20dan_0bcef9c45bd8a48eda1b26eb0c61c869_20Singapura

6. https://www.kba13.com/hubungan-indonesia-singapura-2025-analisis-strategis/#_853ae90f0351324bd73ea615e6487517__4c761f170e016836ff84498202b99827__853ae90f0351324bd73ea615e6487517_text_43ec3e5dee6e706af7766fffea512721_banyak_0bcef9c45bd8a48eda1b26eb0c61c869_20perusahaan_0bcef9c45bd8a48eda1b26eb0c61c869_20Indonesia_0bcef9c45bd8a48eda1b26eb0c61c869_20melakukan_0bcef9c45bd8a48eda1b26eb0c61c869_20listing_c0cb5f0fcf239ab3d9c1fcd31fff1efc_juga_0bcef9c45bd8a48eda1b26eb0c61c869_20sumber_0bcef9c45bd8a48eda1b26eb0c61c869_20iri_0bcef9c45bd8a48eda1b26eb0c61c869_20dan_0bcef9c45bd8a48eda1b26eb0c61c869_20curiga

7. https://www.kba13.com/hubungan-indonesia-singapura-2025-analisis-strategis/#_853ae90f0351324bd73ea615e6487517__4c761f170e016836ff84498202b99827__853ae90f0351324bd73ea615e6487517_text_43ec3e5dee6e706af7766fffea512721_Contoh_0bcef9c45bd8a48eda1b26eb0c61c869_20yang_0bcef9c45bd8a48eda1b26eb0c61c869_20nyata_0bcef9c45bd8a48eda1b26eb0c61c869_3A_0bcef9c45bd8a48eda1b26eb0c61c869_20Ketika_0bcef9c45bd8a48eda1b26eb0c61c869_20Singapura_c0cb5f0fcf239ab3d9c1fcd31fff1efc_tapi_0bcef9c45bd8a48eda1b26eb0c61c869_20juga_0bcef9c45bd8a48eda1b26eb0c61c869_20politik_0bcef9c45bd8a48eda1b26eb0c61c869_20dan_0bcef9c45bd8a48eda1b26eb0c61c869_20budaya

Indonesia sejak 1998. Disajikan daftar perusahaan kunci beserta pemiliknya, nilai kekayaan mereka, serta keterkaitan dengan pemerintahan Singapura. Dibahas pula strategi dominasi yang digunakan – dari investasi agresif, akuisisi aset strategis, jejaring politik, hingga modus operandi terselubung.

Laporan ini mengurai sektor-sektor apa saja yang dikuasai (keuangan, energi, telekomunikasi, agribisnis, dll) dan bagaimana caranya: mulai dari memanfaatkan momentum krisis ekonomi Indonesia, menjalin kemitraan dengan elite lokal, hingga kemungkinan peran intelijen bisnis Singapura dalam menunjang ekspansi mereka.

Lebih jauh, kita akan mengungkap dampak dominasi tersebut: bagaimana perusahaan Singapura memengaruhi kebijakan pemerintah Indonesia, melibatkan swasta lokal, dan memanipulasi opini publik secara halus. Disoroti pula wilayah-wilayah Indonesia yang paling terpengaruh (misalnya Batam-Bintan yang berdekatan dengan Singapura, Jakarta sebagai pusat finansial, serta daerah sumber daya di Sumatra dan Kalimantan).

Tak kalah penting, kajian ini mengeksplorasi upaya diplomatik Singapura dalam melancarkan kepentingan ekonominya sekaligus bagaimana Singapura mengelola risiko dan citra (termasuk "menahan" ekses perilaku perusahaan-perusahaannya agar tidak merusak hubungan bilateral).

Kajian ini bersandar pada referensi sumber pada data resmi, seperti Badan Koordinasi Penanaman Modal (BKPM), laporan lembaga think tank terkemuka (ISEAS–Yusof Ishak Institute, Brookings Institution, CSIS, Lowy Institute, dll.), pemberitaan media kredibel (Reuters, Bloomberg, The Straits Times, Jakarta Post), serta publikasi akademis. Semua klaim didukung bukti dan catatan kaki yang dapat diverifikasi[8][8][6][9].

Dengan demikian, monograf ini tidak hanya menjadi paparan naratif, tetapi juga dokumentasi faktual mengenai bagaimana "Singapore Inc." – jaringan BUMN dan perusahaan swasta Singapura – telah menancapkan kuku ekonomi di Indonesia selama lebih dari dua dekade terakhir.

---

8. https://www.kba13.com/hubungan-indonesia-singapura-2025-analisis-strategis/#_853ae90f0351324bd73ea615e6487517__4c761f170e016836ff84498202b99827__853ae90f0351324bd73ea615e6487517_text_43ec3e5dee6e706af7766fffea512721_Indonesia_c0cb5f0fcf239ab3d9c1fcd31fff1efc_Batam_0bcef9c45bd8a48eda1b26eb0c61c869_2C_0bcef9c45bd8a48eda1b26eb0c61c869_20Kendal_0bcef9c45bd8a48eda1b26eb0c61c869_2C_0bcef9c45bd8a48eda1b26eb0c61c869_20Bintan

9. https://www.kba13.com/hubungan-indonesia-singapura-2025-analisis-strategis/#_853ae90f0351324bd73ea615e6487517__4c761f170e016836ff84498202b99827__853ae90f0351324bd73ea615e6487517_text_43ec3e5dee6e706af7766fffea512721_banyak_0bcef9c45bd8a48eda1b26eb0c61c869_20perusahaan_0bcef9c45bd8a48eda1b26eb0c61c869_20Indonesia_0bcef9c45bd8a48eda1b26eb0c61c869_20melakukan_0bcef9c45bd8a48eda1b26eb0c61c869_20listing_c0cb5f0fcf239ab3d9c1fcd31fff1efc_juga_0bcef9c45bd8a48eda1b26eb0c61c869_20sumber_0bcef9c45bd8a48eda1b26eb0c61c869_20iri_0bcef9c45bd8a48eda1b26eb0c61c869_20dan_0bcef9c45bd8a48eda1b26eb0c61c869_20curiga

# Bab II Daftar Perusahaan Singapura yang Mendominasi Ekonomi Indonesia

BERIKUT ADALAH PERUSAHAAN-perusahaan kunci Singapura (baik BUMN Singapura maupun swasta besar berbasis di Singapura) yang menguasai sektor-sektor strategis di Indonesia. Untuk setiap entitas, dicantumkan kepemilikan/pemilik utamanya, total kekayaan (atau nilai portofolio), serta keterkaitan (jika ada) dengan pemerintahan Singapura.

**1. Temasek Holdings**

- Jenis: BUMN Investasi Singapura (*Sovereign Wealth Fund* milik pemerintah).
- Kepemilikan/Pemilik: 100% dimiliki Kementerian Keuangan Singapura. Dikelola sebagai perusahaan namun sepenuhnya milik negara.
- Tokoh Kunci: Ho Ching – CEO Temasek 2004–2021, merupakan istri dari Perdana Menteri Singapura Lee Hsien Loong[9][1]. Kepemimpinannya mencerminkan

1. https://www.reuters.com/world/asia-pacific/key-changes-singapores-temasek-over-past-two-decades-2025-08-29/#_853ae90f0351324bd73ea615e6487517__4c761f170e016836ff84498202b99827__

kedekatan Temasek dengan lingkar kekuasaan Singapura. Setelah Ho Ching pensiun, posisi CEO dijabat Dilhan Pillay Sandrasegara (sejak Oktober 2021)[10][2]. Dewan Komisaris Temasek juga beranggotakan figur elite; misalnya Lee Hsien Loong sendiri pernah menjabat Ketua GIC dan berada di lingkar pengawasan Temasek.

- Kekayaan/Portofolio: Per 31 Maret 2025, nilai portofolio Temasek mencapai S$434 miliar (sekitar US$320 miliar)[11][3]. Di awal Ho Ching menjabat (2004),

853ae90f0351324bd73ea615e6487517_text_43ec3e5dee6e706af7766fffea512721_Ho_0bcef9c45bd8a48eda1b26eb0c61c869_20Ching_0bcef9c45bd8a48eda1b26eb0c61c869_20was_0bcef9c45bd8a48eda1b26eb0c61c869_20appointed_0bcef9c45bd8a48eda1b26eb0c61c869_20CEO_c0cb5f0fcf239ab3d9c1fcd31fff1efc_Prime_0bcef9c45bd8a48eda1b26eb0c61c869_20Minister_0bcef9c45bd8a48eda1b26eb0c61c869_20Lee_0bcef9c45bd8a48eda1b26eb0c61c869_20Hsien_0bcef9c45bd8a48eda1b26eb0c61c869_20Loong

2. https://www.reuters.com/world/asia-pacific/key-changes-singapores-temasek-over-past-two-decades-2025-08-29/#_853ae90f0351324bd73ea615e6487517__4c761f170e016836ff84498202b99827__853ae90f0351324bd73ea615e6487517_text_43ec3e5dee6e706af7766fffea512721_Ho_0bcef9c45bd8a48eda1b26eb0c61c869_20Ching_0bcef9c45bd8a48eda1b26eb0c61c869_20was_0bcef9c45bd8a48eda1b26eb0c61c869_20appointed_0bcef9c45bd8a48eda1b26eb0c61c869_20CEO_c0cb5f0fcf239ab3d9c1fcd31fff1efc_Prime_0bcef9c45bd8a48eda1b26eb0c61c869_20Minister_0bcef9c45bd8a48eda1b26eb0c61c869_20Lee_0bcef9c45bd8a48eda1b26eb0c61c869_20Hsien_0bcef9c45bd8a48eda1b26eb0c61c869_20Loong
3. https://www.temasek.com.sg/en/our-investments/our-portfolio#_853ae90f0351324bd73ea615e6487517__4c761f170e016836ff84498202b99827__853ae90f0351324bd73ea615e6487517_text_43ec3e5dee6e706af7766fffea512721_Our_0bcef9c45bd8a48eda1b26eb0c61c869_20Portfolio_0bcef9c45bd8a48eda1b26eb0c61c869_20_c0cb5f0fcf239ab3d9c1fcd31fff1efc_underlying_0bcef9c45bd8a48eda1b26eb0c61c869_20exposure_0bcef9c45bd8a48eda1b26eb0c61c869_20to_0bcef9c45bd8a48ed

portofolio ~S$90 miliar; saat Ho Ching pensiun 2021, portofolio >S$300 miliar[10][4] – tumbuh 3 kali lipat dalam 17 tahun berkat ekspansi global.

- Posisi dalam Pemerintahan SG: Ho Ching sendiri tidak menduduki jabatan politik formal, namun statusnya sebagai istri PM menjadikannya bagian “keluarga pertama” Singapura[12][5]. Chairman Temasek saat ini (2023) adalah Lim Boon Heng (mantan Menteri di kabinet Singapura), dan segera digantikan Teo Chee Hean (mantan Wakil PM)[13][6][14][7]. Keterlibatan

---

a1b26eb0c61c869_20developed_0bcef9c45bd8a48eda1b26eb0c61c869_20economies

4. https://www.reuters.com/world/asia-pacific/key-changes-singapores-temasek-over-past-two-decades-2025-08-29/#_853ae90f0351324bd73ea615e6487517__4c761f170e016836ff84498202b99827__853ae90f0351324bd73ea615e6487517_text_43ec3e5dee6e706af7766fffea512721_Ho_0bcef9c45bd8a48eda1b26eb0c61c869_20Ching_0bcef9c45bd8a48eda1b26eb0c61c869_20was_0bcef9c45bd8a48eda1b26eb0c61c869_20appointed_0bcef9c45bd8a48eda1b26eb0c61c869_20CEO_c0cb5f0fcf239ab3d9c1fcd31fff1efc_Prime_0bcef9c45bd8a48eda1b26eb0c61c869_20Minister_0bcef9c45bd8a48eda1b26eb0c61c869_20Lee_0bcef9c45bd8a48eda1b26eb0c61c869_20Hsien_0bcef9c45bd8a48eda1b26eb0c61c869_20Loong
5. https://www.reuters.com/article/business/risk-taker-ho-ching-has-no-regrets-idUSTRE5152VT/#_853ae90f0351324bd73ea615e6487517__4c761f170e016836ff84498202b99827__853ae90f0351324bd73ea615e6487517_text_43ec3e5dee6e706af7766fffea512721_
6. https://www.reuters.com/world/asia-pacific/key-changes-singapores-temasek-over-past-two-decades-2025-08-29/#_853ae90f0351324bd73ea615e6487517__4c761f170e016836ff84498202b99827__853ae90f0351324bd73ea615e6487517_text_43ec3e5dee6e706af7766fffea512721_He_0bcef9c45bd8a48eda1b26eb0c61c869_20has_0bcef9c45bd8a48eda1b26eb0c61c869_20also_0bcef9c45bd8a48eda1b26eb0c61c869_20led_0bcef9c45bd8a48eda1b26eb0c61c869_

mantan pejabat tinggi sebagai pimpinan mencerminkan betapa Temasek adalah instrumen negara ("state investment arm").

- Dominasi di Indonesia: Temasek sangat aktif berinvestasi di Indonesia pasca-1998. Melalui anak usaha dan afiliasinya, Temasek menguasai saham di berbagai perusahaan Indonesia, terutama:
- Telekomunikasi: Temasek (lewat SingTel dan ST Telemedia) pernah menguasai saham signifikan di dua operator seluler terbesar Indonesia – Telkomsel dan Indosat[15][8][16][9]. SingTel (yang 52% sahamnya milik

---

20various_c0cb5f0fcf239ab3d9c1fcd31fff1efc_and_0bcef9c45bd8a48eda1b26eb0c61c86
9_20Americas

7. https://www.reuters.com/world/asia-pacific/key-changes-singapores-temasek-over-past-
two-decades-2025-08-
29/#_853ae90f0351324bd73ea615e6487517__4c761f170e016836ff84498202b99827__
853ae90f0351324bd73ea615e6487517_text_43ec3e5dee6e706af7766fffea512721_This_
0bcef9c45bd8a48eda1b26eb0c61c869_20year_0bcef9c45bd8a48eda1b26eb0c61c869_2
C_0bcef9c45bd8a48eda1b26eb0c61c869_20Teo_0bcef9c45bd8a48eda1b26eb0c61c869
_20Chee_0bcef9c45bd8a48eda1b26eb0c61c869_20Hean_0bcef9c45bd8a48eda1b26eb0
c61c869_2C_c0cb5f0fcf239ab3d9c1fcd31fff1efc_Heng_0bcef9c45bd8a48eda1b26eb0c6
1c869_2C_0bcef9c45bd8a48eda1b26eb0c61c869_20who_0bcef9c45bd8a48eda1b26eb0
c61c869_20served_0bcef9c45bd8a48eda1b26eb0c61c869_20since_0bcef9c45bd8a48eda
1b26eb0c61c869_202013
8. https://www.reuters.com/article/markets/funds/indonesian-court-rejects-temaseks-final-
appeal-on-telecoms-
idUSJAK180737/#_853ae90f0351324bd73ea615e6487517__4c761f170e016836ff8449
8202b99827__853ae90f0351324bd73ea615e6487517_text_43ec3e5dee6e706af7766fffe
a512721_Temasek_0bcef9c45bd8a48eda1b26eb0c61c869_2C_0bcef9c45bd8a48eda1b2
6eb0c61c869_20through_0bcef9c45bd8a48eda1b26eb0c61c869_20its_0bcef9c45bd8a4

Temasek) hingga kini memegang 35% saham Telkomsel, operator seluler #1 di Indonesia, sedangkan ST Telemedia (unit Temasek) pada 2002 membeli 41% saham Indosat (operator #2)[15][10]. Situasi ini menimbulkan kontroversi anti-monopoli karena Temasek dianggap mengendalikan dua pesaing sekaligus[16][11]. Komisi Pengawas Persaingan

8eda1b26eb0c61c869_20units_0bcef9c45bd8a48eda1b26eb0c61c869_2C_0bcef9c45bd8a48eda1b26eb0c61c869_20held_c0cb5f0fcf239ab3d9c1fcd31fff1efc_in_0bcef9c45bd8a48eda1b26eb0c61c869_20Southeast_0bcef9c45bd8a48eda1b26eb0c61c869_20Asia_0bcef9c45bd8a48eda1b26eb0c61c869_27s_0bcef9c45bd8a48eda1b26eb0c61c869_20largest_0bcef9c45bd8a48eda1b26eb0c61c869_20economy

9. https://www.reuters.com/article/business/risk-taker-ho-ching-has-no-regrets-idUSTRE5152VT/#_853ae90f0351324bd73ea615e6487517__4c761f170e016836ff84498202b99827__853ae90f0351324bd73ea615e6487517_text_43ec3e5dee6e706af7766fffea512721_Shin_0bcef9c45bd8a48eda1b26eb0c61c869_20has_0bcef9c45bd8a48eda1b26eb0c61c869_20since_0bcef9c45bd8a48eda1b26eb0c61c869_20lost_0bcef9c45bd8a48eda1b26eb0c61c869_20about_c0cb5f0fcf239ab3d9c1fcd31fff1efc_thirds_0bcef9c45bd8a48eda1b26eb0c61c869_20of_0bcef9c45bd8a48eda1b26eb0c61c869_20its_0bcef9c45bd8a48eda1b26eb0c61c869_20market_0bcef9c45bd8a48eda1b26eb0c61c869_20value

10. https://www.reuters.com/article/markets/funds/indonesian-court-rejects-temaseks-final-appeal-on-telecoms-idUSJAK180737/#_853ae90f0351324bd73ea615e6487517__4c761f170e016836ff84498202b99827__853ae90f0351324bd73ea615e6487517_text_43ec3e5dee6e706af7766fffea512721_Temasek_0bcef9c45bd8a48eda1b26eb0c61c869_2C_0bcef9c45bd8a48eda1b26eb0c61c869_20through_0bcef9c45bd8a48eda1b26eb0c61c869_20its_0bcef9c45bd8a48eda1b26eb0c61c869_20units_0bcef9c45bd8a48eda1b26eb0c61c869_2C_0bcef9c45bd8a48eda1b26eb0c61c869_20held_c0cb5f0fcf239ab3d9c1fcd31fff1efc_in_0bcef9c45bd8a48eda1b26eb0c61c869_20Southeast_0bcef9c45bd8a48eda1b26eb0c61c869_20Asia_0bcef9c45bd8a48eda1b26eb0c61c869_27s_0bcef9c45bd8a48eda1b26eb0c61c869_20largest_0bcef9c45bd8a48eda1b26eb0c61c869_20economy

Usaha (KPPU) Indonesia pada 2007 menyatakan Temasek melanggar hukum anti-monopoli dan memerintahkan divestasi[17][12][16][13]. Akibatnya, Temasek terpaksa menjual seluruh saham Indosat pada

11. https://www.reuters.com/article/business/risk-taker-ho-ching-has-no-regrets-idUSTRE5152VT/#_853ae90f0351324bd73ea615e6487517__4c761f170e016836ff84498202b99827__853ae90f0351324bd73ea615e6487517_text_43ec3e5dee6e706af7766fffea512721_Shin_0bcef9c45bd8a48eda1b26eb0c61c869_20has_0bcef9c45bd8a48eda1b26eb0c61c869_20since_0bcef9c45bd8a48eda1b26eb0c61c869_20lost_0bcef9c45bd8a48eda1b26eb0c61c869_20about_c0cb5f0fcf239ab3d9c1fcd31fff1efc_thirds_0bcef9c45bd8a48eda1b26eb0c61c869_20of_0bcef9c45bd8a48eda1b26eb0c61c869_20its_0bcef9c45bd8a48eda1b26eb0c61c869_20market_0bcef9c45bd8a48eda1b26eb0c61c869_20value
12. https://www.reuters.com/article/markets/funds/indonesian-court-rejects-temaseks-final-appeal-on-telecoms-idUSJAK180737/#_853ae90f0351324bd73ea615e6487517__4c761f170e016836ff84498202b99827__853ae90f0351324bd73ea615e6487517_text_43ec3e5dee6e706af7766fffea512721_However_0bcef9c45bd8a48eda1b26eb0c61c869_20ST_0bcef9c45bd8a48eda1b26eb0c61c869_20Telemedia_0bcef9c45bd8a48eda1b26eb0c61c869_2C_0bcef9c45bd8a48eda1b26eb0c61c869_20a_0bcef9c45bd8a48eda1b26eb0c61c869_20wholly_c0cb5f0fcf239ab3d9c1fcd31fff1efc_their_0bcef9c45bd8a48eda1b26eb0c61c869_20telecom_0bcef9c45bd8a48eda1b26eb0c61c869_20units_0bcef9c45bd8a48eda1b26eb0c61c869_20in_0bcef9c45bd8a48eda1b26eb0c61c869_20Indonesia
13. https://www.reuters.com/article/business/risk-taker-ho-ching-has-no-regrets-idUSTRE5152VT/#_853ae90f0351324bd73ea615e6487517__4c761f170e016836ff84498202b99827__853ae90f0351324bd73ea615e6487517_text_43ec3e5dee6e706af7766fffea512721_Shin_0bcef9c45bd8a48eda1b26eb0c61c869_20has_0bcef9c45bd8a48eda1b26eb0c61c869_20since_0bcef9c45bd8a48eda1b26eb0c61c869_20lost_0bcef9c45bd8a48eda1b26eb0c61c869_20about_c0cb5f0fcf239ab3d9c1fcd31fff1efc_thirds_0bcef9c45bd8a48eda1b26eb0c61c869_20of_0bcef9c45bd8a48eda1b26eb0c61c869_20its_0bcef9c45bd8a48eda1b26eb0c61c869_20market_0bcef9c45bd8a48eda1b26eb0c61c869_20value

2008 kepada Qatari Ooredoo (Qatar Telecom) senilai US$1,35 miliar[18][14]. Namun, Temasek tetap mempertahankan kepemilikan Telkomsel (35% lewat SingTel) hingga kini. Telkomsel sendiri adalah penguasa 50% pangsa pasar seluler Indonesia, sehingga Temasek terus menikmati deviden besar dari bisnis tersebut.

- Perbankan: Pasca krisis 1998, Temasek agresif membeli bank-bank Indonesia yang dilepas oleh BPPN. Contohnya, Temasek (via anak usaha Fullerton Financial Holdings) mengakuisisi mayoritas saham Bank Danamon dan Bank Internasional Indonesia (BII) di awal 2000-an[19][15][20][16]. Bank Danamon menjadi salah satu

---

14. https://www.reuters.com/article/markets/funds/indonesian-court-rejects-temaseks-final-appeal-on-telecoms-idUSJAK180737/#_853ae90f0351324bd73ea615e6487517__4c761f170e016836ff84498202b99827__853ae90f0351324bd73ea615e6487517_text_43ec3e5dee6e706af7766fffea512721_Sign_0bcef9c45bd8a48eda1b26eb0c61c869_20up_0bcef9c45bd8a48eda1b26eb0c61c869_20here
15. https://www.reuters.com/article/business/dbs-pulls-the-plug-on-bank-danamon-deal-idUSBRE96U0F1/#_853ae90f0351324bd73ea615e6487517__4c761f170e016836ff84498202b99827__853ae90f0351324bd73ea615e6487517_text_43ec3e5dee6e706af7766fffea512721_In_0bcef9c45bd8a48eda1b26eb0c61c869_20June_0bcef9c45bd8a48eda1b26eb0c61c869_2C_0bcef9c45bd8a48eda1b26eb0c61c869_20DBS_0bcef9c45bd8a48eda1b26eb0c61c869_20had_0bcef9c45bd8a48eda1b26eb0c61c869_20extended_c0cb5f0fcf239ab3d9c1fcd31fff1efc_DBS_0bcef9c45bd8a48eda1b26eb0c61c869_20stake_0bcef9c45bd8a48eda1b26eb0c61c869_20at_0bcef9c45bd8a48eda1b26eb0c61c869_2040_0bcef9c45bd8a48eda1b26eb0c61c869_20percent
16. https://www.financeasia.com/article/maybank-wins-auction-for-stake-in-indonesias-bii/106669#_853ae90f0351324bd73ea615e6487517__4c761f170e016836ff84498202b99827__853ae90f0351324bd73ea615e6487517_text_43ec3e5dee6e706af7766fffea512721_T

bank swasta terbesar Indonesia. Temasek sempat berniat menjual Danamon ke DBS (bank asal Singapura lain yang terafiliasi Temasek) tahun 2013, namun terganjal aturan BI yang membatasi kepemilikan asing maksimum 40%[21][17][19][18]. Akhirnya Temasek menjual bertahap saham Danamon ke Mitsubishi UFJ (bank Jepang) di 2018–2019. Adapun BII, Temasek bersama partner

---

emasek_0bcef9c45bd8a48eda1b26eb0c61c869_2C_0bcef9c45bd8a48eda1b26eb0c61c869_20the_0bcef9c45bd8a48eda1b26eb0c61c869_20Singapore_0bcef9c45bd8a48eda1b26eb0c61c869_20investment_0bcef9c45bd8a48eda1b26eb0c61c869_20company_0bcef9c45bd8a48eda1b26eb0c61c869_2C_c0cb5f0fcf239ab3d9c1fcd31fff1efc_1_0bcef9c45bd8a48eda1b26eb0c61c869_20billion_0bcef9c45bd8a48eda1b26eb0c61c869_20to_0bcef9c45bd8a48eda1b26eb0c61c869_20Maybank_0bcef9c45bd8a48eda1b26eb0c61c869_2C

17. https://www.reuters.com/article/business/dbs-pulls-the-plug-on-bank-danamon-deal-idUSBRE96U0F1/#_853ae90f0351324bd73ea615e6487517__4c761f170e016836ff84498202b99827__853ae90f0351324bd73ea615e6487517_text_43ec3e5dee6e706af7766fffea512721_SINGAPORE_0bcef9c45bd8a48eda1b26eb0c61c869_20_0bcef9c45bd8a48eda1b26eb0c61c869_28Reuters_0bcef9c45bd8a48eda1b26eb0c61c869_29_0bcef9c45bd8a48eda1b26eb0c61c869_20_c0cb5f0fcf239ab3d9c1fcd31fff1efc_a_0bcef9c45bd8a48eda1b26eb0c61c869_20spanner_0bcef9c45bd8a48eda1b26eb0c61c869_20in_0bcef9c45bd8a48eda1b26eb0c61c869_20the_0bcef9c45bd8a48eda1b26eb0c61c869_20process
18. https://www.reuters.com/article/business/dbs-pulls-the-plug-on-bank-danamon-deal-idUSBRE96U0F1/#_853ae90f0351324bd73ea615e6487517__4c761f170e016836ff84498202b99827__853ae90f0351324bd73ea615e6487517_text_43ec3e5dee6e706af7766fffea512721_In_0bcef9c45bd8a48eda1b26eb0c61c869_20June_0bcef9c45bd8a48eda1b26eb0c61c869_2C_0bcef9c45bd8a48eda1b26eb0c61c869_20DBS_0bcef9c45bd8a48eda1b26eb0c61c869_20had_0bcef9c45bd8a48eda1b26eb0c61c869_20extended_c0cb5f0fcf239ab3d9c1fcd31fff1efc_DBS_0bcef9c45bd8a48eda1b26eb0c61c869_20stake_0bcef9c45bd8a48eda1b26eb0c61c869_20at_0bcef9c45bd8a48eda1b26eb0c61c869_2040_0bcef9c45bd8a48eda1b26eb0c61c869_20percent

(Kookmin Bank Korea) menjualnya ke Maybank Malaysia tahun 2008 seharga ~US$1,1 miliar[20][19]. Meski sudah keluar dari BII/Danamon, manuver Temasek ini menandai periode ketika Singapura menguasai beberapa bank Indonesia pasca-krisis.

- Layanan Keuangan Lain: Temasek melalui berbagai portofolio juga menanam modal di sektor asuransi, multifinance, dan fintech Indonesia, meski secara tidak langsung. Sebagai contoh, Temasek punya saham di AXA Mandiri (asuransi patungan di Indonesia) dan di beberapa startup unicorn regional yang beroperasi di Indonesia.
- Infrastruktur & Properti: Temasek memiliki unit properti (Mapletree, CapitaLand) yang berinvestasi di Indonesia – misalnya pembangunan pusat data, gudang logistik, dan mal. CapitaLand, pengembang milik Temasek, menggarap proyek properti di Jakarta dan kota lain (seperti mal di Jakarta Barat dan apartemen di Surabaya).
- Lain-lain: Temasek juga pernah berinvestasi di media Indonesia (tahun 2006 membeli saham Indosiar melalui anak usaha, meski akhirnya dilepas). Selain itu, Temasek via ST Engineering (perusahaan teknologi pertahanan

19. https://www.financeasia.com/article/maybank-wins-auction-for-stake-in-indonesias-bii/106669#_853ae90f0351324bd73ea615e6487517__4c761f170e016836ff84498202b99827__853ae90f0351324bd73ea615e6487517_text_43ec3e5dee6e706af7766fffea512721_Temasek_0bcef9c45bd8a48eda1b26eb0c61c869_2C_0bcef9c45bd8a48eda1b26eb0c61c869_20the_0bcef9c45bd8a48eda1b26eb0c61c869_20Singapore_0bcef9c45bd8a48eda1b26eb0c61c869_20investment_0bcef9c45bd8a48eda1b26eb0c61c869_20company_0bcef9c45bd8a48eda1b26eb0c61c869_2C_c0cb5f0fcf239ab3d9c1fcd31fff1efc_1_0bcef9c45bd8a48eda1b26eb0c61c869_20billion_0bcef9c45bd8a48eda1b26eb0c61c869_20to_0bcef9c45bd8a48eda1b26eb0c61c869_20Maybank_0bcef9c45bd8a48eda1b26eb0c61c869_2C

milik negara) menjual peralatan dan solusi teknologi ke pemerintah Indonesia.

*Catatan*: Temasek sering beroperasi lewat anak-anak perusahaan investasinya untuk "menyusup" ke ekonomi Indonesia, sehingga kadang keterlibatan Singapura tidak langsung terlihat. Modus operandi Temasek biasanya dengan menggandeng partner lokal atau mendirikan entitas lokal agar mematuhi regulasi, sembari kendali nyata tetap di tangan Singapura.

**2. GIC (Government of Singapore Investment Corporation)**

- Jenis: BUMN Investasi Singapura (Sovereign Wealth Fund yang mengelola cadangan devisa pemerintah).
- Kepemilikan/Pemilik: Dimiliki pemerintah Singapura; GIC bukan perusahaan publik, melainkan badan pengelola dana negara.
- Tokoh Kunci: Chairman GIC adalah Perdana Menteri Singapura. Saat ini Lee Hsien Loong (PM 2004–2023, kini menjabat Menteri Senior) tercatat sebagai Ketua Dewan GIC[22][20]. Deputi Ketua GIC dijabat Lawrence Wong (Perdana Menteri baru per 2024). Dewan GIC

---

20. https://www.pmo.gov.sg/The-Cabinet/Mr-LEE-Hsien-Loong#_853ae90f0351324bd73ea615e6487517__4c761f170e016836ff84498202b99827__853ae90f0351324bd73ea615e6487517_text_43ec3e5dee6e706af7766fffea512721_Mr_0bcef9c45bd8a48eda1b26eb0c61c869_20LEE_0bcef9c45bd8a48eda1b26eb0c61c869_20Hsien_0bcef9c45bd8a48eda1b26eb0c61c869_20Loong_0bcef9c45bd8a48eda1b26eb0c61c869_20_c0cb5f0fcf239ab3d9c1fcd31fff1efc_panel_0bcef9c45bd8a48eda1b26eb0c61c869_20that_0bcef9c45bd8a48eda1b26eb0c61c869_20provides_0bcef9c45bd8a48eda1b26eb0c61c869_20strategic

mencakup beberapa menteri kabinet, menegaskan kontrol langsung pemerintah.

- Kekayaan Kelolaan: GIC jarang mengungkap total Aset Kelolaan (AUM) secara resmi. Namun estimasi lembaga internasional (SWF Institute) menyebut GIC mengelola sekitar US$770 miliar aset (2023)[23][21]. Ini menjadikannya salah satu SWF terbesar dunia. Dana tersebut diinvestasikan global di berbagai instrumen (saham, obligasi, properti, private equity).
- Posisi di Pemerintahan SG: PM Singapura menjabat Ketua GIC secara ex-officio, sehingga GIC pada hakikatnya "dikendalikan" langsung oleh kepala pemerintahan. Hal ini unik – misalnya Lee Hsien Loong sebagai PM selama 2004–2023 otomatis memimpin GIC[22][22]. GIC juga bertanggung jawab kepada Presiden

---

21. https://www.reuters.com/business/finance/singapores-gic-posts-weakest-investment-gains-four-years-2024-07-24/#_853ae90f0351324bd73ea615e6487517__4c761f170e016836ff84498202b99827__853ae90f0351324bd73ea615e6487517_text_43ec3e5dee6e706af7766fffea512721_years_0bcef9c45bd8a48eda1b26eb0c61c869_20www_c0cb5f0fcf239ab3d9c1fcd31fff1efc_the_0bcef9c45bd8a48eda1b26eb0c61c869_20three_0bcef9c45bd8a48eda1b26eb0c61c869_20entities_0bcef9c45bd8a48eda1b26eb0c61c869_20that
22. https://www.pmo.gov.sg/The-Cabinet/Mr-LEE-Hsien-Loong#_853ae90f0351324bd73ea615e6487517__4c761f170e016836ff84498202b99827__853ae90f0351324bd73ea615e6487517_text_43ec3e5dee6e706af7766fffea512721_Mr_0bcef9c45bd8a48eda1b26eb0c61c869_20LEE_0bcef9c45bd8a48eda1b26eb0c61c869_20Hsien_0bcef9c45bd8a48eda1b26eb0c61c869_20Loong_0bcef9c45bd8a48eda1b26eb0c61c869_20_c0cb5f0fcf239ab3d9c1fcd31fff1efc_panel_0bcef9c45bd8a48eda1b26eb0c61c869_20that_0bcef9c45bd8a48eda1b26eb0c61c869_20provides_0bcef9c45bd8a48eda1b26eb0c61c869_20strategic

Singapura terkait penggunaan cadangan negara.

- Dominasi di Indonesia: GIC bergerak lebih senyap dibanding Temasek, fokus investasi portofolio jangka panjang. Namun sejumlah investasi GIC di Indonesia meliputi:
- Properti & Real Estat: GIC kerap menjadi pemodal besar proyek properti. Contohnya, GIC berinvestasi di PT Ciputra Residence (proyek township di Tangerang) dan Greenwood Group (perkantoran Jakarta). GIC juga membeli saham di beberapa mal besar Indonesia melalui kemitraan dengan pengembang lokal.
- Infrastruktur: GIC turut serta mendanai proyek jalan tol dan bandara lewat skema investor institusional. Misalnya, GIC dilaporkan bermitra dalam konsorsium pembiayaan jalan tol Cikopo–Palimanan (Cipali).
- Startup & Teknologi: Lewat divisi modal ventura, GIC menanam modal di startup unicorn Indonesia seperti GoTo (Gojek-Tokopedia) dan Traveloka. Keterlibatan GIC di sini sebagai investor pasif namun signifikan, memberikan sokongan dana besar yang membantu startup tersebut menguasai pasar domestik.
- Pasar Modal: GIC memiliki portofolio saham di Bursa Efek Indonesia (BEI). Mereka diketahui memegang saham minoritas di berbagai emiten blue-chip Indonesia sebagai investor institusi jangka panjang.

*Catatan*: Peran GIC lebih di balik layar dibanding Temasek. Namun, kehadirannya memperkuat cengkeraman Singapura di sektor finansial Indonesia. GIC sebagai "dana abadi" memastikan Singapura punya pengaruh stabil, misalnya jika GIC menarik atau menggelontorkan investasi portofolio, pasar modal Indonesia merasakan dampaknya.

**3. SingTel (Singapore Telecommunications)**

- Jenis: Perusahaan publik sektor telekomunikasi, namun termasuk GLC (Government-Linked Company) karena mayoritas sahamnya milik Temasek.
- Kepemilikan/Pemilik: Temasek Holdings menguasai sekitar 52% saham SingTel, menjadikannya pemegang saham mayoritas[24][23]. Sisanya dimiliki publik. SingTel dengan demikian berada di bawah pengaruh pemerintah Singapura melalui Temasek.
- Tokoh Kunci: CEO saat ini Yuen Kuan Moon (seorang profesional). Chairman SingTel umumnya figur terkemuka; mantan CEO SingTel yang terkenal adalah Lee Hsien Yang (adik PM Lee Hsien Loong) di era 1995–2007, meski ia bukan pejabat pemerintah. Keterlibatan keluarga Lee menunjukkan betapa strategisnya SingTel.
- Kekayaan/Ukuran: SingTel adalah salah satu operator telekom terbesar di Asia Pasifik. Pendapatannya

23. https://www.reuters.com/article/markets/temaseks-ho-has-told-staff-she-is-not-leaving-sources-idUSL3E7HK0W6/#_853ae90f0351324bd73ea615e6487517__4c761f170e016836ff84498202b99827__853ae90f0351324bd73ea615e6487517_text_43ec3e5dee6e706af7766fffea512721_Temasek_0bcef9c45bd8a48eda1b26eb0c61c869_27s_0bcef9c45bd8a48eda1b26eb0c61c869_20Ho_0bcef9c45bd8a48eda1b26eb0c61c869_20has_0bcef9c45bd8a48eda1b26eb0c61c869_20told_0bcef9c45bd8a48eda1b26eb0c61c869_20staff_c0cb5f0fcf239ab3d9c1fcd31fff1efc_and_0bcef9c45bd8a48eda1b26eb0c61c869_20chief_0bcef9c45bd8a48eda1b26eb0c61c869_20executive_0bcef9c45bd8a48eda1b26eb0c61c869_20since

~S$15-17 miliar per tahun dengan aset >S$50 miliar. Nilai pasarnya di bursa SG sekitar S$40 miliar.

- Posisi dalam Pemerintahan SG: Tidak ada pejabat politik yang rangkap jabatan di SingTel, namun karena Temasek (milik negara) mengendalikan SingTel, perusahaan ini dapat dianggap *tangan panjang pemerintah* di sektor telekomunikasi regional.
- Dominasi di Indonesia: SingTel memegang peran kunci di pasar telekomunikasi Indonesia melalui:
- Telkomsel – SingTel memiliki 35% saham PT Telkomsel (sisanya 65% milik Telkom Indonesia, BUMN RI). Telkomsel adalah operator seluler terbesar Indonesia (lebih dari 170 juta pelanggan, jaringan terluas). Sejak investasi awal tahun 1997, SingTel terus mempertahankan posisinya. *Dampak*: SingTel menikmati profit signifikan; Telkomsel menyumbang pendapatan besar bagi SingTel. Dividen Telkomsel mengalir tiap tahun ke Singapura. Kendali 35% juga berarti SingTel punya pengaruh strategi (meski Telkomsel mayoritas Telkom RI, keputusan besar harus disetujui pemegang saham SingTel).
- Indosat (dulu Satelindo) – Pada 2002, ST Telemedia (afiliasi Temasek) membeli ~41% saham Indosat. Dengan itu, entitas terkait Singapura sempat menguasai Indosat yang kala itu operator seluler #2. Seperti disebut, ini memicu kasus KPPU karena Temasek dianggap mengontrol Indosat dan Telkomsel sekaligus. Setelah tekanan regulasi, Temasek via ST Telemedia menjual Indosat ke Qatar pada 2008[18][24]. Walau sekarang

24. https://www.reuters.com/article/markets/funds/indonesian-court-rejects-temaseks-final-appeal-on-telecoms-

Indosat di tangan investor lain, periode 2002–2008 menandai dominasi Singapura di dua dari tiga operator utama (Telkomsel & Indosat).

- Layanan Telekom Lain: SingTel juga berbisnis di Indonesia lewat penyedia jasa korporat. Telkomsel kini merambah layanan fintech (LinkAja), IoT, dll., di mana keahlian SingTel turut dibawa masuk. Selain itu, SingTel melalui anak usaha regional Optus dan Amdocs memasok infrastruktur jaringan atau software ke operator Indonesia lainnya.
- Kabel dan Infrastruktur: SingTel terlibat dalam konsorsium kabel laut internasional yang melewati Indonesia. Misal, kabel SEA-ME-WE dan lainnya, yang membuat Singapura menjadi hub trafik internet regional. Dengan kontrol infrastruktur ini, SingTel (baca: Singapura) menguasai alur data yang menghubungkan Indonesia ke dunia. Bahkan terungkap melalui dokumen *Snowden* bahwa SingTel bekerja sama dengan agen intelijen Singapura dan NSA AS untuk menyadap lalu lintas internet Asia Tenggara[25][25] – sebuah indikasi

---

idUSJAK180737/#_853ae90f0351324bd73ea615e6487517__4c761f170e016836ff84498202b99827__853ae90f0351324bd73ea615e6487517_text_43ec3e5dee6e706af7766fffea512721 Sign_0bcef9c45bd8a48eda1b26eb0c61c869_20up_0bcef9c45bd8a48eda1b26eb0c61c869_20here

25. https://intpolicydigest.org/snowden-docs-won-t-affect-u-s-singapore-ties/#_853ae90f0351324bd73ea615e6487517__4c761f170e016836ff84498202b99827__853ae90f0351324bd73ea615e6487517_text_43ec3e5dee6e706af7766fffea512721_the_0bcef9c45bd8a48eda1b26eb0c61c869_20leaked_0bcef9c45bd8a48eda1b26eb0c61c869_20documents_0bcef9c45bd8a48eda1b26eb0c61c869_2C_0bcef9c45bd8a48eda1b26eb0c61c869_20Singapore_0bcef9c45bd8a48eda1b26eb0c61c869_20is_c0cb5f0fcf239ab3d9

bahwa infrastruktur telekom Singapura dipakai juga untuk kepentingan strategis.

*Catatan*: Dominasi SingTel di telekom Indonesia berarti ketergantungan besar pengguna Indonesia pada jaringan milik perusahaan Singapura. Ratusan juta warga Indonesia setiap hari berkomunikasi lewat jaringan yang sebagian dikuasai SingTel. Hal ini menimbulkan kekhawatiran keamanan dan kedaulatan data (pernah muncul isu bahwa Singapura bisa mengakses informasi strategis melalui jaringan telekom, walau secara resmi dibantah).

**4. DBS Group Holdings**

- Jenis: Bank terbesar di Singapura (dan Asia Tenggara), GLC (awal berdiri milik pemerintah, kini publik dengan Temasek sebagai pemegang saham utama).
- Kepemilikan/Pemilik: Temasek Holdings adalah pemegang saham terbesar DBS, dengan kepemilikan sekitar 29%[26][26]. Temasek kadang meningkatkan atau

---

c1fcd31fff1efc_are_0bcef9c45bd8a48eda1b26eb0c61c869_20being_0bcef9c45bd8a48eda1b26eb0c61c869_20routed_0bcef9c45bd8a48eda1b26eb0c61c869_20through_0bcef9c45bd8a48eda1b26eb0c61c869_20Singapore

26. https://www.reuters.com/markets/deals/singapores-dbs-eyes-malaysian-bank-stakes-expansion-push-sources-say-2024-11-09/#_853ae90f0351324bd73ea615e6487517__4c761f170e016836ff84498202b99827__853ae90f0351324bd73ea615e6487517_text_43ec3e5dee6e706af7766fffea512721_Exclusive_0bcef9c45bd8a48eda1b26eb0c61c869_3A_0bcef9c45bd8a48eda1b26eb0c61c869_20Singapore_0bcef9c45bd8a48eda1b26eb0c61c869_27s_0bcef9c45bd8a48eda1b26eb0c61c869_20DBS_0bcef9c45bd8a48eda1b26eb0c61c869_20eyes_0bcef9c45bd8a48eda1b26eb0c61c869_20Malaysian_c0cb5f0fcf239ab3d9c1fcd31fff1efc_into_0bcef9c45bd8a48eda1b26eb0c61c869_20Malaysia_0bcef9c45bd8a48eda1b26eb0c61c869_20include_0bc

menurunkan porsi (pernah ~30% lebih). Selebihnya saham dimiliki investor institusi global dan publik.

- Tokoh Kunci: CEO Piyush Gupta (bankir veteran, bukan pejabat pemerintah). Chairman DBS saat ini adalah Peter Seah (mantan pimpinan OCBC, bukan politisi). Namun di masa lalu (1968 didirikan), DBS sempat dipimpin mantan pejabat. Keterkaitan utama melalui Temasek selaku pemilik dominan.
- Kekayaan/Ukuran: Total aset ~S$720 miliar (2025), menjadikannya bank terbesar di ASEAN. Kapitalisasi pasar ~S$90 miliar.
- Posisi dalam Pemerintahan SG: Tidak langsung, namun Temasek (yang dikendalikan pemerintah) memandu strategi. Contohnya, pemerintah Singapura kerap menggunakan DBS untuk proyek negara (misal pembiayaan obligasi khusus).
- Dominasi di Indonesia: Kehadiran DBS di Indonesia melalui:
- Bank DBS Indonesia – DBS memiliki entitas perbankan komersial di Indonesia (sejak akuisisi Bank Dharma Yudha di tahun 1997, diubah nama jadi Bank DBS Indonesia). Namun ini bank kecil-menengah dengan <50 cabang, pangsa terbatas.
- Rencana Akuisisi Danamon – Langkah terbesar DBS untuk ekspansi Indonesia adalah rencana mengambil alih Bank Danamon pada 2012–2013. DBS, dengan dukungan Temasek (pemilik Danamon saat itu), mengajukan penawaran US$7,2 miliar untuk 99% saham Danamon[21][27]. Bila sukses, DBS akan menguasai salah

satu bank top-5 Indonesia. Namun Bank Indonesia membatasi kepemilikan asing 40%, sehingga DBS hanya diizinkan beli 40% dulu[27][28]. Merasa tak optimal, DBS membatalkan akuisisi pada 2013[28][29]. Gagalnya

---

27. https://www.reuters.com/article/business/dbs-pulls-the-plug-on-bank-danamon-deal-idUSBRE96U0F1/#_853ae90f0351324bd73ea615e6487517__4c761f170e016836ff844 98202b99827__853ae90f0351324bd73ea615e6487517_text_43ec3e5dee6e706af7766fff ea512721_SINGAPORE_0bcef9c45bd8a48eda1b26eb0c61c869_20_0bcef9c45bd8a48e da1b26eb0c61c869_28Reuters_0bcef9c45bd8a48eda1b26eb0c61c869_29_0bcef9c45bd 8a48eda1b26eb0c61c869_20_c0cb5f0fcf239ab3d9c1fcd31fff1efc_a_0bcef9c45bd8a48ed a1b26eb0c61c869_20spanner_0bcef9c45bd8a48eda1b26eb0c61c869_20in_0bcef9c45bd 8a48eda1b26eb0c61c869_20the_0bcef9c45bd8a48eda1b26eb0c61c869_20process
28. https://www.reuters.com/article/business/dbs-pulls-the-plug-on-bank-danamon-deal-idUSBRE96U0F1/#_853ae90f0351324bd73ea615e6487517__4c761f170e016836ff844 98202b99827__853ae90f0351324bd73ea615e6487517_text_43ec3e5dee6e706af7766fff ea512721_Indonesia_0bcef9c45bd8a48eda1b26eb0c61c869_27s_0bcef9c45bd8a48eda1 b26eb0c61c869_20central_0bcef9c45bd8a48eda1b26eb0c61c869_20bank_0bcef9c45bd 8a48eda1b26eb0c61c869_20has_0bcef9c45bd8a48eda1b26eb0c61c869_20put_c0cb5f0f cf239ab3d9c1fcd31fff1efc_its_0bcef9c45bd8a48eda1b26eb0c61c869_20existing_0bcef9 c45bd8a48eda1b26eb0c61c869_20business_0bcef9c45bd8a48eda1b26eb0c61c869_20in _0bcef9c45bd8a48eda1b26eb0c61c869_20Indonesia
29. https://www.reuters.com/article/business/dbs-pulls-the-plug-on-bank-danamon-deal-idUSBRE96U0F1/#_853ae90f0351324bd73ea615e6487517__4c761f170e016836ff844 98202b99827__853ae90f0351324bd73ea615e6487517_text_43ec3e5dee6e706af7766fff ea512721_Indonesia_0bcef9c45bd8a48eda1b26eb0c61c869_27s_0bcef9c45bd8a48eda1 b26eb0c61c869_20central_0bcef9c45bd8a48eda1b26eb0c61c869_20bank_0bcef9c45bd 8a48eda1b26eb0c61c869_20has_0bcef9c45bd8a48eda1b26eb0c61c869_20put_c0cb5f0f cf239ab3d9c1fcd31fff1efc_its_0bcef9c45bd8a48eda1b26eb0c61c869_20existing_0bcef9 c45bd8a48eda1b26eb0c61c869_20business_0bcef9c45bd8a48eda1b26eb0c61c869_20in _0bcef9c45bd8a48eda1b26eb0c61c869_20Indonesia

transaksi ini dianggap kemenangan regulator Indonesia yang menahan dominasi bank Singapura.

- Layanan Wealth Management – DBS aktif melayani nasabah kaya Indonesia dari Singapura. Banyak konglomerat Indonesia menyimpan dana di private banking DBS di Singapura, lalu DBS menyalurkan kredit investasi ke Indonesia. Dengan demikian, DBS mengendalikan aliran modal swasta Indonesia melalui perbankan lepas pantai.
- Pinjaman Sindikasi & Pasar Modal – DBS rutin menjadi arranger pinjaman sindikasi untuk BUMN Indonesia (Pertamina, PLN, dll) dan menerbitkan obligasi global Indonesia. Ini memberi DBS peran penting dalam pendanaan korporasi Indonesia.

*Catatan*: DBS memanfaatkan reputasi Singapura sebagai pusat keuangan stabil untuk menarik dana dari Indonesia. Capital flight orang kaya Indonesia pasca-1998 banyak berlabuh di bank Singapura seperti DBS[2][30]. Sekitar US$80 miliar modal kabur dari Indonesia saat krisis 1997–98 dan sebagian besar parkir di Singapura[2][31]. Dana ini kemudian diinvestasikan kembali (langsung atau tidak) ke Indonesia, sering melalui institusi seperti

30. https://www.kba13.com/hubungan-indonesia-singapura-2025-analisis-strategis/#_853ae90f0351324bd73ea615e6487517__4c761f170e016836ff84498202b99827__853ae90f0351324bd73ea615e6487517_text_43ec3e5dee6e706af7766fffea512721_Masuk_0bcef9c45bd8a48eda1b26eb0c61c869_20akal_0bcef9c45bd8a48eda1b26eb0c61c869_20saja_0bcef9c45bd8a48eda1b26eb0c61c869_20kalau_0bcef9c45bd8a48eda1b26eb0c61c869_20ekonomi_c0cb5f0fcf239ab3d9c1fcd31fff1efc_juga_0bcef9c45bd8a48eda1b26eb0c61c869_20sumber_0bcef9c45bd8a48eda1b26eb0c61c869_20iri_0bcef9c45bd8a48eda1b26eb0c61c869_20dan_0bcef9c45bd8a48eda1b26eb0c61c869_20curiga

DBS. Publik awam mungkin tak sadar bahwa ketika bank Indonesia kekurangan likuiditas, bank Singapura justru "panen" dana nasabah Indonesia – menciptakan ketergantungan terbalik: perusahaan Indonesia akhirnya *meminjam* uang miliknya sendiri yang diputar via Singapura.

**5. OCBC Bank & UOB Bank**

- Jenis: Kedua bank ini adalah bank swasta besar Singapura, dikendalikan keluarga pendiri (keluarga Lee untuk OCBC, keluarga Wee untuk UOB). Bukan BUMN, namun termasuk institusi keuangan kunci Singapura.
- Kepemilikan/Pemilik:
- OCBC – ~48% saham dipegang keluarga Lee (melalui perusahaan induk). Sisanya publik.
- UOB – ~48% saham dipegang keluarga Wee (pendiri), sisanya publik.
- Tokoh Kunci: CEO OCBC Helen Wong; CEO UOB Wee Ee Cheong (dari keluarga pemilik). Kedua keluarga ini tidak duduk di pemerintahan, tapi sangat berpengaruh dalam ekonomi Singapura.
- Ukuran: OCBC dan UOB masing-masing beraset sekitar S$500+ miliar. Mereka bank terbesar ke-2 dan ke-3 di

31. https://www.kba13.com/hubungan-indonesia-singapura-2025-analisis-strategis/#_853ae90f0351324bd73ea615e6487517__4c761f170e016836ff84498202b99827__853ae90f0351324bd73ea615e6487517_text_43ec3e5dee6e706af7766fffea512721_Masuk_0bcef9c45bd8a48eda1b26eb0c61c869_20akal_0bcef9c45bd8a48eda1b26eb0c61c869_20saja_0bcef9c45bd8a48eda1b26eb0c61c869_20kalau_0bcef9c45bd8a48eda1b26eb0c61c869_20ekonomi_c0cb5f0fcf239ab3d9c1fcd31fff1efc_juga_0bcef9c45bd8a48eda1b26eb0c61c869_20sumber_0bcef9c45bd8a48eda1b26eb0c61c869_20iri_0bcef9c45bd8a48eda1b26eb0c61c869_20dan_0bcef9c45bd8a48eda1b26eb0c61c869_20curiga

Singapura setelah DBS.

- Posisi di Pemerintahan SG: Tidak formal. Namun sering ada *koordinasi kebijakan* antara otoritas moneter Singapura (MAS) dan bank-bank besar ini demi kepentingan nasional (misal stabilisasi krisis).
- Dominasi di Indonesia:
- OCBC – Pada 2004 OCBC mengakuisisi Bank NISP di Indonesia, lalu rebranding jadi Bank OCBC NISP. Kini OCBC NISP adalah bank menengah di Indonesia dengan aset >Rp200 triliun dan jaringan nasional. OCBC menguasai ~85% saham OCBC NISP. Bank ini fokus di kredit korporasi dan UKM, menjadi perpanjangan bisnis OCBC di Indonesia.
- UOB – UOB telah lama hadir di Indonesia. UOB mengakuisisi Bank Buana tahun 2005, lalu menjadi Bank UOB Indonesia. Bank UOB Indonesia juga bank menengah (aset ~Rp150 triliun). UOB gencar di segmen consumer dan KPR. Selain itu, UOB membuka kantor cabang di Jakarta untuk layanan wholesale banking internasional.
- Peran Lain: Kedua bank Singapura ini aktif mendanai proyek-proyek besar. Misalnya, UOB beri kredit sindikasi untuk tambang dan perkebunan Indonesia; OCBC mendanai perusahaan properti di Jakarta. Mereka juga melayani banyak nasabah diaspora Indonesia di Singapura (memfasilitasi simpanan luar negeri).

*Catatan*: Meski OCBC NISP dan UOB Indonesia bukan bank terbesar, kehadiran mereka berarti 2 keluarga Singapura menguasai sebagian pangsa industri perbankan Indonesia. Hal ini menambah dominasi finansial Singapura di sektor kredit domestik. Apalagi, bank-bank ini bisa memperoleh pendanaan murah dari Singapura untuk ekspansi kredit di Indonesia, memberikan mereka keunggulan dibanding bank lokal.

**6. Wilmar International**

- Jenis: Perusahaan agribisnis multinasional bermarkas di Singapura. Wilmar adalah trader dan produsen minyak kelapa sawit terbesar di dunia. Terdaftar di SGX (Bursa Singapura).
- Kepemilikan/Pemilik: Didirikan dan dimiliki oleh dua taipan: Kuok Khoon Hong (warga negara Singapura keturunan Malaysia, keponakan raja gula Robert Kuok) dan Martua Sitorus (pengusaha kelahiran Indonesia). Keduanya masing-masing memegang porsi signifikan saham (Kuok ~13%, Martua ~10%). Sisanya milik investor publik dan Temasek (~2%).
- Tokoh Kunci: Kuok Khoon Hong menjabat CEO Wilmar. Martua Sitorus dulunya menjabat COO, kini lebih sebagai pemegang saham pasif.
- Kekayaan: Forbes mencatat Kuok Khoon Hong & keluarga memiliki kekayaan ~US$3,9 miliar (2025)[29][32]. Martua Sitorus kekayaannya sekitar US$3,4

32. https://www.forbes.com/profile/kuok-khoon-hong-1/#_853ae90f0351324bd73ea615e6487517__4c761f170e016836ff84498202b99827__853ae90f0351324bd73ea615e6487517_text_43ec3e5dee6e706af7766fffea512721_Kuok_0bcef9c45bd8a48eda1b26eb0c61c869_20Khoon_0bcef9c45bd8a48eda1b26eb0c61c869_20Hong_0bcef9c45bd8a48eda1b26eb0c61c869_20_0bcef9c45bd8a48eda1b26eb0c61c869_26_0bcef9c45bd8a48eda1b26eb0c61c869_20family_c0cb5f0fcf239ab3d9c1fcd31fff1efc_profile_0bcef9c45bd8a48eda1b26eb0c61c869_20image_0bcef9c45bd8a48ed

miliar[30][33]. Keduanya masuk daftar 15 orang terkaya Singapura[30][34], meski Martua sebenarnya berdomisili di Singapura tetapi memperoleh kekayaan dari Indonesia. Hal ini menggambarkan integrasi kedua ekonomi – miliarder "Indonesia" pun tercatat di Singapura.

- Posisi di Pemerintahan SG: Tidak ada jabatan politik. Namun Kuok adalah tokoh terpandang di Singapura (masuk jajaran orang terkaya). Pengaruhnya bersifat ekonomi, bukan politik.
- Dominasi di Indonesia: Wilmar beroperasi masif di Indonesia:
- Perkebunan Sawit – Wilmar (melalui entitas PT di Indonesia) menguasai ratusan ribu hektar kebun sawit di Sumatra, Kalimantan, Sulawesi. Ini menjadikan Wilmar salah satu produsen CPO (crude palm oil) terbesar di Indonesia. Mereka memiliki puluhan pabrik kelapa sawit.
- Pengolahan & Ekspor – Wilmar mengoperasikan kilang

---

a1b26eb0c61c869_20for

33. https://www.caproasia.com/2024/04/19/forbes-billionaires-list-singapore-2024-52-billionaires-with-155-billion-net-worth-top-10-billionaires-are-eduardo-saverin-goh-cheng-liang-philip-ng-robert-ng-leo-koguan-zhang-yong-takao-yasu/#_853ae90f0351324bd73ea615e6487517__4c761f170e016836ff84498202b99827__853ae90f0351324bd73ea615e6487517_text_43ec3e5dee6e706af7766fffea512721_10_c0cb5f0fcf239ab3d9c1fcd31fff1efc_9_0bcef9c45bd8a48eda1b26eb0c61c869_20billion

34. https://www.caproasia.com/2024/04/19/forbes-billionaires-list-singapore-2024-52-billionaires-with-155-billion-net-worth-top-10-billionaires-are-eduardo-saverin-goh-cheng-liang-philip-ng-robert-ng-leo-koguan-zhang-yong-takao-yasu/#_853ae90f0351324bd73ea615e6487517__4c761f170e016836ff84498202b99827__853ae90f0351324bd73ea615e6487517_text_43ec3e5dee6e706af7766fffea512721_10_c0cb5f0fcf239ab3d9c1fcd31fff1efc_9_0bcef9c45bd8a48eda1b26eb0c61c869_20billion

minyak goreng besar di Sumatra (Belawan, Dumai) dan Kalimantan. Produk mereka (CPO, olein, biodiesel) diekspor ke seluruh dunia. Sekitar 40% ekspor minyak sawit Indonesia melalui Wilmar dan afiliasinya. Ini memberi kendali Wilmar atas rantai pasok komoditas ekspor penting Indonesia.

- Distribusi Pangan Domestik – Wilmar memiliki merek minyak goreng ternama (Fortune, Sania) yang beredar luas di pasar Indonesia. Dengan menguasai hulu hingga hilir, Wilmar bisa mengatur harga pasar minyak goreng domestik – hal yang langsung menyentuh konsumen Indonesia.
- Dampak Lingkungan & Sosial – Operasi besar Wilmar tak lepas dari kontroversi: deforestasi, kebakaran lahan (menyebabkan kabut asap), sengketa lahan dengan masyarakat. Kabut asap lintas batas hampir tiap tahun sebagian bersumber dari kebun milik perusahaan pemasok Wilmar. Reputasi ini membuat Singapura pun tercoreng karena markas Wilmar di sana. Pemerintah Singapura bahkan mengeluarkan Transboundary Haze Pollution Act untuk menindak perusahaan (termasuk yang terdaftar di Singapura) penyebab asap. Namun, Wilmar berjanji menerapkan prinsip NDPE (No Deforestation, No Peat, No Exploitation) dalam rantai pasoknya.
- Kontribusi Ekonomi – Keuntungan Wilmar sangat besar; tahun 2022 pendapatan global ~US$65 miliar dengan laba bersih ~US$2 miliar. Sebagian besar berasal dari bisnis di Indonesia. Ini berarti keuntungan yang dihasilkan dari sumber daya Indonesia mengalir ke

Singapura (dalam bentuk dividen ke pemegang saham dan pajak korporasi di Singapura).

*Catatan*: Wilmar mewakili fenomena "Singapore Inc. dalam agribisnis": meski tanah dan kebun di Indonesia, nilai tambah dan kendali perusahaan terletak di Singapura. Publik Indonesia banyak yang tak mengetahui bahwa merek minyak goreng yang mereka pakai sehari-hari sejatinya dikuasai oleh korporasi Singapura.

**7. Golden Agri-Resources**

- Jenis: Perusahaan agribisnis kelapa sawit, bermarkas di Singapura (terdaftar di SGX).
- Kepemilikan/Pemilik: Merupakan bagian dari Sinar Mas Group (konglomerat Indonesia milik keluarga Widjaja). Didirikan oleh Eka Tjipta Widjaja (alm.), kini diteruskan oleh putranya Franky Widjaja yang memimpin Golden Agri. Keluarga Widjaja mengendalikan >50% saham.
- Tokoh Kunci: Franky Widjaja (Chairman sekaligus CEO Golden Agri).
- Kekayaan: Keluarga Widjaja salah satu terkaya di Indonesia (total kekayaan >US$10 miliar dari berbagai bisnis). Golden Agri sendiri kapitalisasi pasarnya ~US$2–3 miliar.
- Posisi di Pemerintahan SG: Tidak ada – ini milik keluarga Indonesia, hanya basis hukumnya di Singapura.
- Dominasi di Indonesia: Golden Agri mengelola lahan sawit terluas di Indonesia (~500 ribu hektar). Mereka produsen CPO terbesar kedua di dunia (setelah Wilmar). Bisnisnya:
- Perkebunan & Pabrik – Ribuan karyawan di Sumatra dan

Kalimantan, output ratusan ribu ton CPO per tahun. Golden Agri juga punya industri hilir (refineri minyak goreng, oleochemical).

- Ekspor & Distribusi – Seperti Wilmar, Golden Agri menjadi pengekspor utama CPO Indonesia. Mereka juga pemilik merek minyak goreng lokal (Filma).
- Hutan Tanaman Industri – Selain sawit, Sinar Mas memiliki pabrik kertas (Asia Pulp & Paper) dengan HTI luas. Namun segmen pulp & paper berada di entitas berbeda (APP di bawah Sinar Mas di Indonesia, tapi pemasaran global via Singapura).

*Catatan*: Golden Agri unik karena meski pemiliknya orang Indonesia, mereka memilih listing di Singapura untuk menggalang dana global dan memanfaatkan iklim bisnis Singapura. Ini contoh perusahaan Indonesia yang "di-Singapura-kan" demi akses modal dan efisiensi pajak. Dampaknya, pajak keuntungan dibayar di Singapura, bukan di Indonesia, dan transparansi perusahaan mengikuti regulasi SG. Bagi perekonomian Indonesia, hal ini berarti sumber daya domestik dieksploitasi tetapi manfaat finansial sebagian dinikmati Singapura.

**8. Grab Holdings**

- Jenis: Perusahaan teknologi (ride-hailing, delivery, fintech) regional Asia Tenggara, berkantor pusat di Singapura.
- Kepemilikan/Pemilik: Co-founder dan CEO Anthony Tan (warga negara Malaysia, bermukim di Singapura) dan Tan Hooi Ling (Malaysia) mendirikan Grab. Sekarang saham Grab tersebar di investor institusi global

(SoftBank, Microsoft, dll). Grab terdaftar di NASDAQ (AS) melalui SPAC merger tahun 2021.

- Tokoh Kunci: Anthony Tan (CEO), Tan Hooi Ling (Advisor). President Grab saat ini adalah Ming Maa.
- Kekayaan: Valuasi Grab saat IPO ~US$40 miliar, namun turun menjadi ~US$12 miliar (2023). Anthony Tan pribadi ~US$1 miliar.
- Posisi di Pemerintahan SG: Tidak ada, Grab adalah swasta. Namun Grab kerap dipuji pemerintah Singapura sebagai startup unicorn kebanggaan yang memindahkan HQ ke Singapura (dari Malaysia) karena iklim bisnis kondusif. Pemerintah SG mendukung dengan regulasi pro-innovasi, menjadikan Grab mitra strategis dalam visi Smart Nation.
- Dominasi di Indonesia: Grab memasuki Indonesia tahun 2014 sebagai pesaing Gojek dalam layanan transportasi online. Kini Grab:
- Ride-Hailing & Transportasi – Menguasai pangsa signifikan di segmen transportasi online (ojek dan taksi online) di kota-kota besar Indonesia. Meski Gojek dominan secara brand lokal, Grab memimpin di beberapa area (terutama luar Jawa). Akuisisi Uber SEA tahun 2018 membuat Grab mewarisi basis pengguna Uber di Indonesia, memperkuat posisinya.
- Pesan-Antar Makanan – Layanan GrabFood menjadi salah satu dua besar platform delivery makanan (bersaing ketat dengan GoFood milik Gojek). Banyak UMKM kuliner bergantung pada GrabFood untuk penjualan.
- Pembayaran & Fintech – Grab mengembangkan OVO, dompet digital yang sempat memimpin pasar e-wallet

Indonesia sebelum akhirnya bersinergi dengan Tokopedia (OVO kemudian sebagian diambil alih EMTEK, tapi Grab masih pemegang saham). Grab juga menawarkan paylater dan pinjaman mikro melalui kerja sama bank.

- Logistik & Kargo – GrabExpress aktif di kurir dalam kota, mendukung e-commerce.
- Investasi Infrastruktur – Grab membangun GrabKitchen (dapur bersama) di Jakarta, Bandung; juga mendirikan pusat inovasi teknologi di Indonesia.

*Catatan*: Strategi Grab mendapat dukungan finansial besar dari investor global dan keleluasaan beroperasi dari regulator Indonesia (pemerintah RI cenderung membiarkan dominasi platform asing selama mendukung ekonomi digital). Grab dianggap berhasil memanfaatkan jejaring diplomatik Singapura: misal, forum bilateral Indonesia–Singapura kerap menonjolkan ekonomi digital sebagai bidang kerja sama, yang ujungnya menguntungkan ekspansi Grab. Sementara publik Indonesia tak selalu menyadari bahwa Grab adalah entitas Singapura, karena beroperasi dengan wajah lokal (branding hijau khas Grab, menggunakan tenaga driver lokal). Namun, aliran keuangannya – komisi dari jutaan transaksi harian – bermuara ke kantor pusat di Singapura.

**9. Sea Ltd (Shopee & Garena)**

- Jenis: Perusahaan induk berbasis di Singapura, menaungi platform e-commerce Shopee dan bisnis game Garena. Terdaftar di NYSE (Amerika Serikat).
- Kepemilikan/Pemilik: Didirikan oleh Forrest Li (lahir di Tiongkok, naturalisasi Singapura). Forrest Li beserta co-

founders Gang Ye dan David Chen memiliki minoritas saham, sedangkan investor besar termasuk Tencent (Tiongkok).

- Tokoh Kunci: Forrest Li (Chairman & CEO Sea Ltd), Gang Ye (COO Sea). Keduanya kini warga negara Singapura dan termasuk jajaran orang terkaya di sana (Forrest Li kekayaan ~US$3+ miliar).
- Kekayaan: Kapitalisasi Sea Ltd sempat melampaui US$200 miliar di 2021, namun turun ~US$30 miliar (2023). Forrest Li pribadi diperkirakan US$3 miliar.
- Posisi di Pemerintahan SG: Tidak formal. Tapi pemerintah Singapura mendukung ekosistem startup seperti Sea dengan insentif dan kerjasama (Forrest Li pernah diundang ke dialog nasional sebagai contoh success story).
- Dominasi di Indonesia: Sea melalui produknya:
- Shopee – Marketplace e-commerce No.1 di Indonesia (berdasarkan jumlah pengguna dan total nilai transaksi/GMV). Sejak masuk sekitar 2015, Shopee melesat mengalahkan Tokopedia dan Bukalapak. Per Q4 2022, Shopee menguasai ~40% pangsa pasar e-commerce Indonesia. Ratusan ribu penjual UMKM bergantung pada Shopee. Promo agresif (ongkir gratis, diskon) didanai oleh kucuran modal induk di Singapura. Shopee juga membuka Shopee Mall, ShopeePay (dompet digital) dan ShopeeFood (layanan antar makanan) di Indonesia.
- Garena – Bisnis game online yang membawa game seperti Free Fire populer di Indonesia. Garena juga aktif menggelar turnamen e-sports, menciptakan ekosistem game di mana jutaan pemain Indonesia menjadi user setia

platformnya.

- Investasi & Aliansi – Sea (lewat Shopee) mengakuisisi Bank Kesejahteraan Ekonomi lalu renama jadi SeaBank Indonesia, memperlihatkan minat masuk ke fintech/ perbankan digital di Indonesia. Ini memungkinkan Shopee menawarkan paylater, pinjaman, dsb, langsung sebagai bank.

*Catatan*: Shopee adalah contoh nyata dominasi digital Singapura – platform asing yang menguasai perdagangan retail online Indonesia. Dampaknya luas: dari perilaku belanja konsumen bergeser ke platform ini, pedagang lokal bergantung pada aturan Shopee, hingga potensi monopoli data e-commerce. Publik kerap menganggap Shopee "marketplace global" padahal pusat operasional dan pengambilan keputusan di Singapura. Keuntungan Shopee dari Indonesia (fee penjual, iklan, dll) berkontribusi besar pada pendapatan Sea Ltd, memperkuat pundi-pundi ekonomi Singapura.

**10. Sembcorp Industries & Keppel Corporation**

- Jenis: Keduanya konglomerat infrastruktur/industri Singapura, dengan bisnis galangan kapal, energi, properti. Termasuk GLC (Temasek memiliki saham signifikan).
- Kepemilikan/Pemilik: Temasek memegang ~49% saham Sembcorp Industries dan ~20% saham Keppel Corp, menjadikan keduanya terkait pemerintah. Saham sisanya publik.
- Tokoh Kunci: Sembcorp CEO Wong Kim Yin; Keppel CEO Loh Chin Hua. Chairman Sembcorp saat ini dipegang seorang mantan pejabat (sampai 2021 dijabat

bekas menteri Teo Chee Hean sebelum fokus ke politik, digantikan personel profesional).

- Kekayaan/Ukuran: Sembcorp beraset ~S$24 miliar; Keppel ~S$30 miliar.
- Posisi di Pemerintahan SG: Tidak langsung, tapi Temasek sebagai pemegang kendali. Banyak eksekutif seniornya mantan militer/pemerintah, misal CEO Sembcorp 2005–2011 Tang Kin Fei adalah mantan perwira.
- Dominasi di Indonesia:
- Zona Industri Batam & Bintan – Sembcorp (melalui unitnya Sembawang Corp) bekerja sama dengan konglomerat Indonesia (Salim Group) mendirikan Batamindo Industrial Park di Batam (1990-an). BIP seluas 320 ha dikembangkan untuk pabrik elektronik, dengan Sembcorp juga menyediakan pembangkit listrik, air, perumahan pekerja. Batamindo menjadi model "gambit" Singapura: memanfaatkan lahan Indonesia untuk ekspansi industri padat karya Singapura[31][35][32][36]. Selain Batam, Sembcorp turut

35. https://ink.library.smu.edu.sg/cgi/viewcontent.cgi?article=3881&context=lkcsb_research#_853ae90f0351324bd73ea615e6487517__4c761f170e016836ff84498202b99827__853ae90f0351324bd73ea615e6487517_text_43ec3e5dee6e706af7766fffea512721__c0cb5f0fcf239ab3d9c1fcd31fff1efc_venture_0bcef9c45bd8a48eda1b26eb0c61c869_20between_0bcef9c45bd8a48eda1b26eb0c61c869_20two_0bcef9c45bd8a48eda1b26eb0c61c869_20Singapore
36. https://link.springer.com/article/10.1007/s10708-015-9692-9#_853ae90f0351324bd73ea615e6487517__4c761f170e016836ff84498202b99827__853ae90f0351324bd73ea615e6487517_text_43ec3e5dee6e706af7766fffea512721__c0cb5f0fcf239ab3d9c1fcd31fff1efc_Indonesia_0bcef9c45bd8a48eda1b26eb0c61c869_2C_0bcef9c45bd8a48eda1b26eb0c61c869_20Vietnam_0bcef9c45bd8a48eda1

serta mengelola Bintan Industrial Estate dan Kawasan Ekonomi Khusus lain di Kep. Riau. Ini membuat Singapura seolah memiliki "satellite economy" di wilayah Indonesia terdekatnya.

- Kawasan Industri Kendal – Pada 2016, Sembcorp melalui anak usaha Sembcorp Development bermitra dengan PT Jababeka Tbk membangun Kendal Industrial Park di Jawa Tengah. Kawasan ini diresmikan oleh PM Lee dan Presiden Jokowi sebagai simbol kerja sama. Sembcorp menguasai separuh kepemilikan. Kini, puluhan pabrik (furniture, garmen, otomotif) berdiri di sana dengan investasi asing yang banyak dimediatori via Singapura.
- Energi & Utilitas – Sembcorp masuk sektor energi Indonesia: membangun PLTU dan PLTG skala menengah untuk memasok listrik kawasan industri (contoh: PLTG di Pulau Batam untuk kebutuhan Batam dan ekspor listrik ke Singapura). Baru-baru ini, Sembcorp bermitra dengan PLN membangun proyek pembangkit surya + baterai 50 MW di Kalteng, untuk memasok energi ke Ibu Kota Nusantara[33][37][34][38]. Juga, Keppel

---

b26eb0c61c869_20and_0bcef9c45bd8a48eda1b26eb0c61c869_20India

37. https://www.energy-storage.news/sembcorp-launches-indonesia-solar-plus-bess-project-with-state-owned-power-company-pln/#_853ae90f0351324bd73ea615e6487517__4c761f170e016836ff84498202b99827__853ae90f0351324bd73ea615e6487517_text_43ec3e5dee6e706af7766fffea512721_Sembcorp_0bcef9c45bd8a48eda1b26eb0c61c869_20launches_0bcef9c45bd8a48eda1b26eb0c61c869_20Indonesia_0bcef9c45bd8a48eda1b26eb0c61c869_20solar_c0cb5f0fcf239ab3d9c1fcd31fff1efc_BESS

38. https://www.pv-tech.org/sembcorp-launches-solar-plus-storage-site-set-to-power-indonesias-new-capital-

dan Sembcorp menjadi pembeli gas alam dari Indonesia (mereka meneken kontrak impor gas Natuna dan Sumatra Selatan via pipa sejak 1999)[35][39]. Kontrak gas 20 tahun ditandatangani 1999 antara SembCorp Gas dan Pertamina untuk suplai 325 juta kaki kubik per hari gas Natuna ke Singapura[35][40]. Ini mengunci pasokan energi murah bagi Singapura, sementara Indonesia sempat

city/#_853ae90f0351324bd73ea615e6487517__4c761f170e016836ff84498202b99827__853ae90f0351324bd73ea615e6487517_text_43ec3e5dee6e706af7766fffea512721_PT_0bcef9c45bd8a48eda1b26eb0c61c869_20Sembcorp_0bcef9c45bd8a48eda1b26eb0c61c869_20Renewables_0bcef9c45bd8a48eda1b26eb0c61c869_20Indonesia_0bcef9c45bd8a48eda1b26eb0c61c869_20and_c0cb5f0fcf239ab3d9c1fcd31fff1efc_NSSE_0bcef9c45bd8a48eda1b26eb0c61c869_29_0bcef9c45bd8a48eda1b26eb0c61c869_20power_0bcef9c45bd8a48eda1b26eb0c61c869_20plant

39. https://www.ogj.com/general-interest/companies/article/17253560/natuna-gas-delivery-to-singapore-expected-ahead-of-schedule#_853ae90f0351324bd73ea615e6487517__4c761f170e016836ff84498202b99827__853ae90f0351324bd73ea615e6487517_text_43ec3e5dee6e706af7766fffea512721_In_0bcef9c45bd8a48eda1b26eb0c61c869_20January_0bcef9c45bd8a48eda1b26eb0c61c869_201999_0bcef9c45bd8a48eda1b26eb0c61c869_2C_0bcef9c45bd8a48eda1b26eb0c61c869_20SembCorp_0bcef9c45bd8a48eda1b26eb0c61c869_20Gas_c0cb5f0fcf239ab3d9c1fcd31fff1efc_The_0bcef9c45bd8a48eda1b26eb0c61c869_20purchase

40. https://www.ogj.com/general-interest/companies/article/17253560/natuna-gas-delivery-to-singapore-expected-ahead-of-schedule#_853ae90f0351324bd73ea615e6487517__4c761f170e016836ff84498202b99827__853ae90f0351324bd73ea615e6487517_text_43ec3e5dee6e706af7766fffea512721_In_0bcef9c45bd8a48eda1b26eb0c61c869_20January_0bcef9c45bd8a48eda1b26eb0c61c869_201999_0bcef9c45bd8a48eda1b26eb0c61c869_2C_0bcef9c45bd8a48eda1b26eb0c61c869_20SembCorp_0bcef9c45bd8a48eda1b26eb0c61c869_20Gas_c0cb5f0fcf239ab3d9c1fcd31fff1efc_The_0bcef9c45bd8a48eda1b26eb0c61c869_20purchase

mengalami krisis gas domestik karena komitmen ekspor tersebut.

- Properti & Pelabuhan – Keppel Land (unit Keppel Corp) berinvestasi di properti Indonesia, misalnya proyek perumahan di Jakarta dan Bogor. PSA International (operator pelabuhan Singapura, milik Temasek) juga terlibat mengelola terminal peti kemas di pelabuhan Indonesia melalui joint venture. Contoh: joint venture PT Pelabuhan Indonesia dengan PSA di Pelabuhan Batam. Ini berarti arus logistik Indonesia sebagian ditangani oleh operator Singapura.

*Catatan*: Kehadiran Sembcorp dan Keppel menunjukkan strategi *"ekspor keahlian dan modal"* Singapura. Mereka mengambil peran dalam pembangunan ekonomi Indonesia (zona industri, listrik, pelabuhan), namun dengan skema yang memastikan Singapura mendapat manfaat maksimal. Misalnya, pabrik di Batam menghasilkan barang ekspor yang sering dikirim via Pelabuhan Singapura (transshipment hub), memberi keuntungan berlipat. Selain itu, integrasi kawasan industri membuat ketergantungan Indonesia pada manajemen Singapura (dari suplai utilitas hingga pemasaran investasi).

**11. Perusahaan Lain yang Relevan**

Selain nama-nama di atas, ada sejumlah perusahaan Singapura lain yang turut menguasai ceruk penting ekonomi Indonesia sejak 1998:

- Capitaland – Developer properti pelat merah Singapura (milik Temasek). Berinvestasi di sejumlah mal dan pusat bisnis di Indonesia (misal: mal Aeon Jakarta Garden City bersama developer lokal). Juga mengelola serviced residence Ascott di Jakarta dan Surabaya. Meskipun peran Capitaland tidak dominan di skala nasional, kehadirannya di sektor properti premium menandai masuknya modal Singapura di real estate Indonesia.

- Olam International – Perusahaan komoditas pertanian berbasis di Singapura (sebagian sahamnya milik Temasek). Olam aktif di perdagangan dan pengolahan karet, kakao, dan kopi di Indonesia. Mereka memiliki pabrik pengolahan kakao di Sulawesi dan jaringan pasokan hasil bumi (kopra, rempah) di Nusantara timur. Dengan jaringan globalnya, Olam membantu mengintegrasikan petani Indonesia ke rantai nilai global – tapi juga mengendalikan harga di tingkat ekspor.
- Trafigura & Vitol Asia – Trader komoditas global yang menjadikan Singapura basis Asia. Mereka menguasai ekspor minyak mentah dan produk tambang Indonesia. Misal, Trafigura terlibat dalam perdagangan ekspor nikel matte dan tembaga dari Indonesia. Vitol memasok BBM impor ke Pertamina. Walau bukan "perusahaan Singapura" asli (Trafigura HQ Swiss, Vitol Belanda), basis operasional mereka di Singapura artinya transaksi komoditas Indonesia banyak dikendalikan via Singapura.
- Indorama Corporation – Konglomerat petrokimia yang didirikan pengusaha Indonesia S.P. Lohia, namun markasnya pindah ke Singapura. Indorama mengoperasikan pabrik petrokimia besar di Indonesia (P.T. Indorama Synthetics) tapi perusahaan holding-nya berbasis di Singapura. S.P. Lohia sekarang warga negara Singapura, masuk daftar orang terkaya SG. Ini contoh lain

migrasi konglomerat Indonesia ke Singapura, dengan aset tetap di Indonesia namun kepemilikan dialihkan ke entitas SG.

- Traveloka (Singapura) Pte Ltd – Meskipun Traveloka didirikan di Indonesia, demi keperluan investasi asing startup ini re-domicile ke Singapura. Banyak startup unicorn Indonesia melakukan hal serupa (menjadi entitas Singapura agar mudah mendapat venture capital). Akibatnya, saat valuasi melambung, aset hukum perusahaan ada di Singapura. Bagi ekonomi Indonesia, hal ini berarti potensi pajak capital gain atau IPO nanti jatuh ke Singapura, bukan Indonesia.

Daftar di atas bukan ekshaustif, namun cukup menggambarkan rentang kendali Singapura: mulai dari sektor finansial, telekomunikasi, energi, agribisnis, digital, hingga infrastruktur. Sejak 1998, Singapura konsisten menjadi sumber investasi terbesar Indonesia – mencapai puncaknya sekitar 30% FDI Indonesia per tahun 2020–2023 (~US$15 miliar per tahun)[8][41]. Tahun 2025, Singapura masih di peringkat #1 investor dengan realisasi US$8,8 miliar (hingga Agustus)[36][42]. Artinya,

---

41. https://www.kba13.com/hubungan-indonesia-singapura-2025-analisis-strategis/#_853ae90f0351324bd73ea615e6487517__4c761f170e016836ff84498202b99827__853ae90f0351324bd73ea615e6487517_text_43ec3e5dee6e706af7766fffea512721_Indonesia_c0cb5f0fcf239ab3d9c1fcd31fff1efc_Batam_0bcef9c45bd8a48eda1b26eb0c61c869_2C_0bcef9c45bd8a48eda1b26eb0c61c869_20Kendal_0bcef9c45bd8a48eda1b26eb0c61c869_2C_0bcef9c45bd8a48eda1b26eb0c61c869_20Bintan
42. https://en.antaranews.com/news/371937/singapore-china-lead-foreign-investment-in-indonesia-in-2025-pco#_853ae90f0351324bd73ea615e6487517__4c761f170e016836ff84498202b99827__

sepertiga lebih modal asing di Indonesia berasal dari Singapura, baik melalui perusahaan-perusahaan yang telah disebut maupun melalui perantara keuangan di Singapura.

# Bab III Strategi Dominasi Ekonomi oleh Perusahaan Singapura

BAGAIMANA PERUSAHAAN Singapura bisa sedemikian mendominasi ekonomi Indonesia pasca-1998? Terdapat sejumlah strategi kunci dan modus operandi yang mereka terapkan, sering kali dengan dukungan kebijakan pemerintah Singapura dan situasi ekonomi-politik Indonesia yang mengizinkan. Berikut penjelasannya:

**1. Memanfaatkan Krisis dan Privatisasi**

Krisis finansial Asia 1997–98 membuat banyak aset perusahaan dan perbankan Indonesia dijual murah. Singapura melihat peluang emas ini. Strategi "buy low" dijalankan oleh entitas seperti Temasek: mereka membeli bank (Danamon, BII), saham telko (Indosat) dan aset industri lainnya saat harga terpuruk[19][1][37][2]. Pemerintah Indonesia, didesak IMF untuk

1. https://www.reuters.com/article/business/dbs-pulls-the-plug-on-bank-danamon-deal-idUSBRE96U0F1/#_853ae90f0351324bd73ea615e6487517__4c761f170e016836ff84498202b99827__853ae90f0351324bd73ea615e6487517_text_43ec3e5dee6e706af7766fffea512721_In_0bcef9c45bd8a48eda1b26eb0c61c869_20June_0bcef9c45bd8a48eda1b26eb0c61c869_2C_0bcef9c45bd8a48eda1b26eb0c61c869_20DBS_0bcef9c45bd8a48eda1b26eb0c61c869_20had_0bcef9c45bd8a48eda1b26eb0c61c869_20extended_c0cb5f0fcf23

privatisasi dan butuh dana, terbuka pada penjualan ke asing. Singapura masuk sebagai pembeli siap uang tunai.

Hasilnya, pada awal 2000-an Singapura menguasai beberapa institusi keuangan dan infrastruktur telekom Indonesia. Contoh: tahun 2002 Temasek membeli Indosat ~US$627 juta, Danamon ~US$400 juta – harga murah pasca-krisis. Modus operandi sering berupa pembelian lewat anak perusahaan berbeda untuk menghindari batas kepemilikan (Temasek pakai STT untuk Indosat dan SingTel untuk Telkomsel)[16][3]. Taktik ini akhirnya ditegur KPPU karena dianggap menyembunyikan *cross-ownership.*

---

9ab3d9c1fcd31fff1efc_DBS_0bcef9c45bd8a48eda1b26eb0c61c869_20stake_0bcef9c45bd8a48eda1b26eb0c61c869_20at_0bcef9c45bd8a48eda1b26eb0c61c869_2040_0bcef9c45bd8a48eda1b26eb0c61c869_20percent

2. https://www.malaysia-today.net/2008/08/11/temasek-comes-full-circle-with-bii-stake/#_853ae90f0351324bd73ea615e6487517__4c761f170e016836ff84498202b99827__853ae90f0351324bd73ea615e6487517_text_43ec3e5dee6e706af7766fffea512721_Temasek_0bcef9c45bd8a48eda1b26eb0c61c869_20comes_0bcef9c45bd8a48eda1b26eb0c61c869_20full_0bcef9c45bd8a48eda1b26eb0c61c869_20circle_0bcef9c45bd8a48eda1b26eb0c61c869_20with_c0cb5f0fcf239ab3d9c1fcd31fff1efc_just_0bcef9c45bd8a48eda1b26eb0c61c869_20after_0bcef9c45bd8a48eda1b26eb0c61c869_20Temasek_0bcef9c45bd8a48eda1b26eb0c61c869_20and

3. https://www.reuters.com/article/business/risk-taker-ho-ching-has-no-regrets-idUSTRE5152VT/#_853ae90f0351324bd73ea615e6487517__4c761f170e016836ff84498202b99827__853ae90f0351324bd73ea615e6487517_text_43ec3e5dee6e706af7766fffea512721_Shin_0bcef9c45bd8a48eda1b26eb0c61c869_20has_0bcef9c45bd8a48eda1b26eb0c61c869_20since_0bcef9c45bd8a48eda1b26eb0c61c869_20lost_0bcef9c45bd8a48eda1b26eb0c61c869_20about_c0cb5f0fcf239ab3d9c1fcd31fff1efc_thirds_0bcef9c45bd8a48eda1b26eb0c61c869_20of_0bcef9c45bd8a48eda1b26eb0c61c869_20its_0bcef9c45bd8a48eda1b26eb0c61c869_20market_0bcef9c45bd8a48eda1b26eb0c61c869_20value

Tidak hanya aset swasta, beberapa BUMN strategis pun dijual sebagian sahamnya. Singtel masuk Telkomsel tahun 1997 saat Telkom (BUMN) butuh mitra teknologi dan dana segar. Langkah ini dikunci dengan kontrak jangka panjang sehingga sulit dibatalkan meski belakangan pemerintah RI ingin lebih besar porsi kepemilikan.

Intinya, perusahaan Singapura jeli memanfaatkan momen liberalisasi ekonomi Indonesia. Mereka membawa modal (yang bersumber dari tabungan nasional Singapura dan capital flight Indonesia sendiri) untuk mengambil alih aset-aset vital. Strategi ini didukung analisis mendalam: Singapura mengerahkan tim ahli keuangan (bahkan mungkin intelijen ekonomi) untuk mengidentifikasi target akuisisi bernilai strategis sebelum pesaing lain.

**2. Government-Linked Companies (GLC) sebagai Ujung Tombak**

Pemerintah Singapura secara aktif menggunakan BUMN dan GLC-nya sebagai "agen ekspansi" di luar negeri. Temasek, GIC, SingTel, Sembcorp, DBS dsb diarahkan melebarkan sayap ke pasar negara tetangga demi pertumbuhan. Hal ini bagian dari kebijakan resmi "regionalization" Singapura pasca-90an[31][4]. Salah satu target utama tentu Indonesia sebagai ekonomi terbesar ASEAN.

4. https://ink.library.smu.edu.sg/cgi/viewcontent.cgi?article=3881&context=lkcsb_research#_853ae90f0351324bd73ea615e6487517__4c761f170e016836ff84498202b99827__853ae90f0351324bd73ea615e6487517_text_43ec3e5dee6e706af7766fffea512721__c0cb5f0fcf239ab3d9c1fcd31fff1efc_venture_0bcef9c45bd8a48eda1b26eb0c61c869_20between_0bcef9c45bd8a48eda1b26eb0c61c869_20two_0bcef9c45bd8a48eda1b26eb0c61c869_20Singapore

GLC memiliki kekuatan modal besar dan dukungan politik sehingga mampu memasuki sektor-sektor strategis yang mungkin sulit dimasuki swasta biasa. Contohnya:

- Telekomunikasi – SingTel (GLC) bisa menang tender strategis Telkomsel dan Indosat, yang mungkin tidak akan dimenangkan perusahaan non-GLC karena faktor kepercayaan pemerintah RI. Keterlibatan GLC meyakinkan bahwa "ada negara Singapura di belakang" sehingga komitmen jangka panjang lebih terjamin.

- Infrastruktur & Zona Industri – Sembcorp (GLC) dipercaya mengelola kawasan industri bersama pemerintah RI karena track record dan dukungan negara. Proyek seperti Batamindo memerlukan koordinasi antar-pemerintah, dan Singapura mengutus GLC-nya untuk eksekusi di lapangan.

- Keuangan – Temasek sebagai SWF mampu menyerap bank bermasalah (Danamon, BII) dengan cepat karena sokongan dana negara. Juga, saat perlu tambahan modal, Temasek bisa injeksi (misal ke Bank Danamon pasca akuisisi agar sehat kembali).

GLC ini sering bekerja berjejaring. Contoh: Temasek mengakuisisi aset, lalu mendatangkan DBS atau UOB untuk mengatur pembiayaan, Singtel untuk layanan komunikasi, Sembcorp untuk utilitas pendukung. Ekosistem GLC Singapura bahu-membahu sehingga footprint mereka makin mantap.

Dari sisi strategi, Singapura menerapkan konsep "Singapore Inc." – yaitu pendekatan korporasi terpadu: diplomasi politik dan ekspansi bisnis berjalan seiring. Para pemimpin Singapura aktif melobi agar negara tujuan (seperti Indonesia) membuka peluang bagi GLC mereka. Ketika Presiden atau Menteri Indonesia berkunjung ke Singapura, selalu ada forum bisnis di mana GLC

SG menawarkan inisiatif investasi baru. Hasilnya, GLC ini hampir selalu mendapat posisi unggul dalam proyek-proyek besar.

**3. Aliansi dengan Elite Lokal dan Modal Domestik**

Perusahaan Singapura pandai menjalin kemitraan strategis dengan konglomerat dan elite Indonesia untuk masuk pasar. Aliansi ini saling menguntungkan: pihak Singapura dapat insider knowledge dan "backing" politik lokal; pihak Indonesia mendapat akses modal, teknologi, dan jaringan global.

Contoh nyata:

- Batamindo Industrial Park – Proyek ini kolaborasi Sembcorp dengan Salim Group (Liem Sioe Liong). Salim (saat itu konglomerat terbesar RI) menyediakan lahan dan koneksi politik ke B.J. Habibie, sementara Sembcorp bawa infrastruktur dan marketing ke investor asing. Hasil: Batamindo sukses jadi kawasan manufaktur ekspor pada 1990an[31][5].

Kelapa Sawit – Wilmar didirikan bersama oleh Martua Sitorus (pengusaha Medan) dan Kuok. Martua membawa "network" petani sawit Sumatra dan akses lahan, Kuok bawa modal & pembeli global. Demikian pula Golden Agri melibatkan keluarga Widjaja. Pola partnership ini membuat operasi perusahaan Singapura lebih diterima di lapangan karena ada wajah lokalnya.

Perbankan – Saat Temasek akuisisi Danamon, mereka mempertahankan manajemen lokal profesional dan mengajak beberapa komisaris Indonesia berpengaruh (termasuk Emirsyah

---

5. https://ink.library.smu.edu.sg/cgi/viewcontent.cgi?article=3881&context=lkcsb_research#_853ae90f0351324bd73ea615e6487517__4c761f170e016836ff84498202b99827__853ae90f0351324bd73ea615e6487517_text_43ec3e5dee6e706af7766fffea512721__c0cb5f0fcf239ab3d9c1fcd31fff1efc_venture_0bcef9c45bd8a48eda1b26eb0c61c869_20between_0bcef9c45bd8a48eda1b26eb0c61c869_20two_0bcef9c45bd8a48eda1b26eb0c61c869_20Singapore

Satar, ex-Garuda, dll) untuk duduk di jajaran komisaris Bank Danamon, demi hubungan baik dengan regulator dan pasar Indonesia.

Teknologi – Grab berpartner dengan Emtek Group (Elang Mahkota Teknologi) yang memiliki Bukalapak dan media, guna memperluas jaringan pembayaran (OVO) di Indonesia. Sea (Shopee) menggandeng politisi muda sebagai komisaris (misal: Wishnu Wardhana, eks Kadin) untuk melicinkan komunikasi dengan pemerintah.

Bentuk lain aliansi adalah struktur kepemilikan tersembunyi: tak jarang konglomerat Indonesia memarkir asetnya di Singapura, lalu berinvestasi kembali di Indonesia seolah-olah dana Singapura. Ini disebut *round-tripping*. Contoh, banyak pengusaha Indonesia mendirikan perusahaan cangkang di Singapura (PT ABC Pte Ltd) yang kemudian menjadi investor di proyek Indonesia. Secara statistik, itu tercatat sebagai FDI Singapura, padahal sumbernya modal Indonesia sendiri[38][6].

Pemerintah Singapura mengetahui hal ini dan justru memfasilitasi, karena tetap memperkuat posisinya sebagai hub. Jadi, strategi Singapura salah satunya menjadi "safe haven" bagi modal Indonesia, yang kemudian diinvestasikan kembali di

---

6. https://www.kba13.com/hubungan-indonesia-singapura-2025-analisis-strategis/#_853ae90f0351324bd73ea615e6487517__4c761f170e016836ff84498202b99827__853ae90f0351324bd73ea615e6487517_text_43ec3e5dee6e706af7766fffea512721_global_0bcef9c45bd8a48eda1b26eb0c61c869_20yang_0bcef9c45bd8a48eda1b26eb0c61c869_20mengalir_0bcef9c45bd8a48eda1b26eb0c61c869_20ke_0bcef9c45bd8a48eda1b26eb0c61c869_20Indonesia_c0cb5f0fcf239ab3d9c1fcd31fff1efc_tambang_0bcef9c45bd8a48eda1b26eb0c61c869_2C_0bcef9c45bd8a48eda1b26eb0c61c869_20dan_0bcef9c45bd8a48eda1b26eb0c61c869_20proyek_0bcef9c45bd8a48eda1b26eb0c61c869_20hilirisasi_0bcef9c45bd8a48eda1b26eb0c61c869_20Indonesia

Indonesia dengan bendera Singapura. Ini manipulasi terselubung: Indonesia menerima investasinya sendiri tapi kehilangan potensi pajak karena modalnya berputar di yurisdiksi Singapura.

**4. Agresivitas Merger & Akuisisi (M&A)**

Perusahaan Singapura tak segan mengambil langkah agresif untuk mendominasi sektor, termasuk lewat akuisisi ganda yang kontroversial. Kasus Temasek di telekomunikasi paling terang: mengakuisisi Indosat *dan* Telkomsel secara paralel[15][7]. Tujuannya jelas, menguasai pangsa terbesar pelanggan seluler Indonesia dan mengontrol harga (Temasek dituduh KPPU mengkoordinasi Indosat-Telkomsel menjaga tarif tinggi sehingga profit maksimal[16][8]). Meski akhirnya dipaksa pilih salah satu, langkah

7. https://www.reuters.com/article/markets/funds/indonesian-court-rejects-temaseks-final-appeal-on-telecoms-idUSJAK180737/#_853ae90f0351324bd73ea615e6487517__4c761f170e016836ff84498202b99827__853ae90f0351324bd73ea615e6487517_text_43ec3e5dee6e706af7766fffea512721_Temasek_0bcef9c45bd8a48eda1b26eb0c61c869_2C_0bcef9c45bd8a48eda1b26eb0c61c869_20through_0bcef9c45bd8a48eda1b26eb0c61c869_20its_0bcef9c45bd8a48eda1b26eb0c61c869_20units_0bcef9c45bd8a48eda1b26eb0c61c869_2C_0bcef9c45bd8a48eda1b26eb0c61c869_20held_c0cb5f0fcf239ab3d9c1fcd31fff1efc_in_0bcef9c45bd8a48eda1b26eb0c61c869_20Southeast_0bcef9c45bd8a48eda1b26eb0c61c869_20Asia_0bcef9c45bd8a48eda1b26eb0c61c869_27s_0bcef9c45bd8a48eda1b26eb0c61c869_20largest_0bcef9c45bd8a48eda1b26eb0c61c869_20economy

8. https://www.reuters.com/article/business/risk-taker-ho-ching-has-no-regrets-idUSTRE5152VT/#_853ae90f0351324bd73ea615e6487517__4c761f170e016836ff84498202b99827__853ae90f0351324bd73ea615e6487517_text_43ec3e5dee6e706af7766fffea512721_Shin_0bcef9c45bd8a48eda1b26eb0c61c869_20has_0bcef9c45bd8a48eda1b26eb0c61c869_20since_0bcef9c45bd8a48eda1b26eb0c61c869_20lost_0bcef9c45bd8a48eda1b26eb0c61c869_20about_c0cb5f0fcf239ab3d9c1fcd31fff1efc_thirds_0bcef9c45bd8a48eda1b26eb0c61c869_20of_0bcef9c45bd8a48eda1b26eb0c61c869_20its_0bcef9c45bd

ini menunjukkan willingness Singapura mengambil risiko legal demi dominasi pasar.

Upaya DBS mengakuisisi Danamon (yang akan menjadikannya bank swasta terbesar di Indonesia) juga contoh agresivitas. Bahkan setelah gagal, DBS masih mencari jalan (sempat lobi agar aturan 40% dilonggarkan, namun BI bergeming)[39][9][40][10].

---

8a48eda1b26eb0c61c869_20market_0bcef9c45bd8a48eda1b26eb0c61c869_20value

9. https://www.reuters.com/article/business/dbs-pulls-the-plug-on-bank-danamon-deal-idUSBRE96U0F1/#_853ae90f0351324bd73ea615e6487517__4c761f170e016836ff84498202b99827__853ae90f0351324bd73ea615e6487517_text_43ec3e5dee6e706af7766fffea512721_Indonesia_0bcef9c45bd8a48eda1b26eb0c61c869_27s_0bcef9c45bd8a48eda1b26eb0c61c869_20central_0bcef9c45bd8a48eda1b26eb0c61c869_20bank_0bcef9c45bd8a48eda1b26eb0c61c869_20has_0bcef9c45bd8a48eda1b26eb0c61c869_20put_c0cb5f0fcf239ab3d9c1fcd31fff1efc_its_0bcef9c45bd8a48eda1b26eb0c61c869_20existing_0bcef9c45bd8a48eda1b26eb0c61c869_20business_0bcef9c45bd8a48eda1b26eb0c61c869_20in_0bcef9c45bd8a48eda1b26eb0c61c869_20Indonesia

10. https://www.reuters.com/article/business/dbs-pulls-the-plug-on-bank-danamon-deal-idUSBRE96U0F1/#_853ae90f0351324bd73ea615e6487517__4c761f170e016836ff84498202b99827__853ae90f0351324bd73ea615e6487517_text_43ec3e5dee6e706af7766fffea512721_DBS_0bcef9c45bd8a48eda1b26eb0c61c869_20Group_0bcef9c45bd8a48eda1b26eb0c61c869_20Chief_0bcef9c45bd8a48eda1b26eb0c61c869_20Executive_0bcef9c45bd8a48eda1b26eb0c61c869_20Piyush_c0cb5f0fcf239ab3d9c1fcd31fff1efc_while_0bcef9c45bd8a48eda1b26eb0c61c869_20remaining_0bcef9c45bd8a48eda1b26eb0c61c869_20open_0bcef9c45bd8a48eda1b26eb0c61c869_20to_0bcef9c45bd8a48eda1b26eb0c61c869_20opportunities

SingTel juga pernah mencoba memperbesar saham di Telkomsel dan menawar operator lain, namun karena sektor telko sudah sensitif, mereka memilih bertahan dengan apa yang ada.

Di sektor konsumsi digital, begitu melihat peluang, perusahaan Singapura berani bakar uang untuk akuisisi: misal, Grab mengakuisisi Uber Asia Tenggara (membayar Uber dengan saham Grab) demi menyingkirkan pesaing. Efeknya di Indonesia, Grab + Uber gabungan pangsanya melampaui Gojek beberapa waktu. Demikian pula Shopee pernah mengakuisisi platform lokal (CodeShop di game).

Strategi M&A ini didukung oleh akses pendanaan murah di Singapura. Perusahaan Singapura mudah terbitkan obligasi global (bunga rendah) atau mendapat pinjaman sindikasi dari bank internasional, berkat peringkat kredit negara Singapura yang sangat baik. Mereka memakai dana murah itu untuk mengakuisisi aset di Indonesia yang tingkat keuntungannya lebih tinggi selisih bunga jadi profit tambahan. Contohnya, Sembcorp bisa terbitkan bond di SGX bunga 3% lalu investasi di PLTU Jawa ber-IRR 10%, jelas menguntungkan.

5. Menyediakan "One-Stop Services" bagi Investasi ke Indonesia

Singapura cerdik menempatkan diri sebagai gateway investasi ke Indonesia. Banyak perusahaan multinasional merasa lebih nyaman melalui Singapura sebelum ke Indonesia karena stabilitas hukum dan fasilitas jasa yang lengkap di Singapura. Pemerintah Singapura (lewat Economic Development Board, EDB) mempromosikan skema two-step: investor asing buka kantor regional di Singapura, pelajari pasar, lalu dari Singapura invest ke Indonesia dengan dukungan perbankan & advis Singapura[41][11][38][12].

Akibatnya, sebagian besar FDI ke Indonesia tercatat dari Singapura, walau asal muasal akhirnya mungkin perusahaan AS, Eropa, atau China. Singapura memposisikan diri sebagai mediator – contohnya dalam proyek *smelter* dan hilirisasi nikel era Jokowi, banyak investor Tiongkok masuk via anak usaha yang didirikan di Singapura. Bagi Indonesia, ini berarti hampir tiap investasi besar melibatkan entitas Singapura di strukturnya, memperkuat dominasi jaringan keuangan Singapura.

Perusahaan Singapura menyediakan jasa pendukung lengkap: bank untuk transaksi, firma hukum berkelas internasional untuk kontrak (banyak firma hukum di Singapura mengerjakan perjanjian investasi di Indonesia), jasa logistik, arbitrase (SIAC

---

11. https://www.asiapacific.ca/sites/default/files/publication-pdf/2023%20Thought%20Leaders%27%20Perspectives%20Study%20Singapore%20Indonesia.pdf#_853ae90f0351324bd73ea615e6487517__4c761f170e016836ff84498202b99827__853ae90f0351324bd73ea615e6487517_text_43ec3e5dee6e706af7766fffea512721_A_0bcef9c45bd8a48eda1b26eb0c61c869_20majority_0bcef9c45bd8a48eda1b26eb0c61c869_20of_0bcef9c45bd8a48eda1b26eb0c61c869_20thought_0bcef9c45bd8a48eda1b26eb0c61c869_20leaders_c0cb5f0fcf239ab3d9c1fcd31fff1efc_The_0bcef9c45bd8a48eda1b26eb0c61c869_20EDB_0bcef9c45bd8a48eda1b26eb0c61c869_20operates_0bcef9c45bd8a48eda1b26eb0c61c869_20under

12. https://www.kba13.com/hubungan-indonesia-singapura-2025-analisis-strategis/#_853ae90f0351324bd73ea615e6487517__4c761f170e016836ff84498202b99827__853ae90f0351324bd73ea615e6487517_text_43ec3e5dee6e706af7766fffea512721_global_0bcef9c45bd8a48eda1b26eb0c61c869_20yang_0bcef9c45bd8a48eda1b26eb0c61c869_20mengalir_0bcef9c45bd8a48eda1b26eb0c61c869_20ke_0bcef9c45bd8a48eda1b26eb0c61c869_20Indonesia_c0cb5f0fcf239ab3d9c1fcd31fff1efc_tambang_0bcef9c45bd8a48eda1b26eb0c61c869_2C_0bcef9c45bd8a48eda1b26eb0c61c869_20dan_0bcef9c45bd8a48eda1b26eb0c61c869_20proyek_0bcef9c45bd8a48eda1b26eb0c61c869_20hilirisasi_0bcef9c45bd8a48eda1b26eb0c61c869_20Indonesia

Singapura kerap jadi pilihan sengketa bisnis daripada BANI Indonesia). Dengan ekosistem seperti ini, perusahaan Singapura tidak hanya menanam modal langsung, tapi juga mengontrol infrastruktur pendukung ekonomi Indonesia. Halus tapi signifikan – Indonesia secara de facto menjadi perpanjangan ekonomi Singapura dalam rantai suplai global.

**6. Penggunaan Kecanggihan Intelijen Bisnis**

Singapura dikenal memiliki aparatus intelijen yang sangat profesional meski negaranya kecil. Security and Intelligence Division (SID) Singapura aktif mengumpulkan informasi regional[42][13]. Diduga, intelijen ekonomi termasuk prioritas mereka: informasi tentang kebijakan pemerintah Indonesia, peta persaingan industri, hingga profil tokoh kunci bisnis Indonesia dikumpulkan dan dianalisis untuk keuntungan kompetitif.

Ada indikasi keterlibatan intelijen dalam membantu perusahaan Singapura

Kasus Snowden 2013 mengungkap SID bekerjasama dengan NSA Amerika menyadap kabel telekomunikasi internasional, dibantu SingTel[25][14]. Ini berarti Singapura bisa mengakses data

---

13. https://en.wikipedia.org/wiki/Security_and_Intelligence_Division#_853ae90f0351324bd73ea615e6487517__4c761f170e016836ff84498202b99827__853ae90f0351324bd73ea615e6487517_text_43ec3e5dee6e706af7766fffea512721_Security_0bcef9c45bd8a48eda1b26eb0c61c869_20and_0bcef9c45bd8a48eda1b26eb0c61c869_20Intelligence_0bcef9c45bd8a48eda1b26eb0c61c869_20Division_0bcef9c45bd8a48eda1b26eb0c61c869_20_c0cb5f0fcf239ab3d9c1fcd31fff1efc_MINDEF

14. https://intpolicydigest.org/snowden-docs-won-t-affect-u-s-singapore-ties/#_853ae90f0351324bd73ea615e6487517__4c761f170e016836ff84498202b99827__853ae90f0351324bd73ea615e6487517_text_43ec3e5dee6e706af7766fffea512721_the_0bcef9c45bd8a48eda1b26eb0c61c869_20leaked_0bcef9c45bd8a48eda1b26eb0c61c869_

lalu lintas komunikasi di kawasan, termasuk Indonesia. Walau target resmi mungkin kontra-terorisme, tak terhindarkan nilai intelijen ekonomi muncul. Data arus telekom, email korporat, dsb bisa memberi *insight* tren bisnis. Fakta bahwa SingTel – perusahaan – dilibatkan, menunjukkan kaburnya batas antara negara dan korporasi demi kepentingan nasional.

Reaksi Indonesia diam-diam: Menariknya, ketika terungkap Singapura membantu penyadapan komunikasi Indonesia, pemerintah RI hanya protes minimal[43][15]. Salah satu alasannya, menurut analis, karena Singapura dan AS adalah investor terbesar di Indonesia sehingga Jakarta enggan ribut dan kehilangan aliran investasi[44][16]. Ini pertukaran menarik: Singapura "boleh" sedikit

---

20documents_0bcef9c45bd8a48eda1b26eb0c61c869_2C_0bcef9c45bd8a48eda1b26eb0
c61c869_20Singapore_0bcef9c45bd8a48eda1b26eb0c61c869_20is_c0cb5f0fcf239ab3d9
c1fcd31fff1efc_are_0bcef9c45bd8a48eda1b26eb0c61c869_20being_0bcef9c45bd8a48ed
a1b26eb0c61c869_20routed_0bcef9c45bd8a48eda1b26eb0c61c869_20through_0bcef9c
45bd8a48eda1b26eb0c61c869_20Singapore

15. https://intpolicydigest.org/snowden-docs-won-t-affect-u-s-singapore-
ties/#_853ae90f0351324bd73ea615e6487517__4c761f170e016836ff84498202b99827_
_853ae90f0351324bd73ea615e6487517_text_43ec3e5dee6e706af7766fffea512721_Yet_
0bcef9c45bd8a48eda1b26eb0c61c869_2C_0bcef9c45bd8a48eda1b26eb0c61c869_20the
_0bcef9c45bd8a48eda1b26eb0c61c869_20reactions_0bcef9c45bd8a48eda1b26eb0c61c8
69_20from_0bcef9c45bd8a48eda1b26eb0c61c869_20Indonesia_c0cb5f0fcf239ab3d9c1f
cd31fff1efc_must_0bcef9c45bd8a48eda1b26eb0c61c869_20be_0bcef9c45bd8a48eda1b2
6eb0c61c869_20disappointed_0bcef9c45bd8a48eda1b26eb0c61c869_20by_0bcef9c45b
d8a48eda1b26eb0c61c869_20now

16. https://intpolicydigest.org/snowden-docs-won-t-affect-u-s-singapore-
ties/#_853ae90f0351324bd73ea615e6487517__4c761f170e016836ff84498202b99827_
_853ae90f0351324bd73ea615e6487517_text_43ec3e5dee6e706af7766fffea512721_facti
onalism_c0cb5f0fcf239ab3d9c1fcd31fff1efc_is_0bcef9c45bd8a48eda1b26eb0c61c869_2

nakal asalkan terus injeksi modal. Dengan kata lain, dominasi ekonomi digunakan Singapura sebagai tameng diplomatik bahkan untuk aktivitas intelijen.

*Business intelligence*: Secara korporasi, perusahaan Singapura juga terkenal sangat berbasis data. Contoh, Temasek dan GIC memiliki tim riset market intelligence sendiri yang memetakan peluang di Indonesia jauh sebelum publik tahu. Mereka mungkin merekrut orang dalam atau konsultan lokal untuk info regulasi yang akan keluar, tender BUMN, dsb. Hasilnya, perusahaan Singapura sering lebih siap menghadapi tender atau perubahan aturan di Indonesia dibanding kompetitor lain.

Tidak tertutup kemungkinan bahwa Singapura memanfaatkan agen-agennya di sektor swasta Indonesia. Sebagai hub pendidikan, banyak pejabat dan eksekutif Indonesia alumni kampus Singapura (NUS, NTU, dll) atau pernah kerja di SG. Ini menciptakan jejaring simpatisan. Lembaga think tank seperti ISEAS mengundang akademisi Indonesia, membina hubungan intelektual. Semua itu secara halus menjadi sumber informasi dan pengaruh yang menguntungkan perusahaan Singapura.

Singkatnya, ada *simbiosis* antara bisnis dan intelijen bagi Singapura. Perencanaan bisnis dilandasi data intelijen akurat, dan keberhasilan bisnis memperkuat keamanan nasional (misal: punya pengaruh di negara tetangga). Walau sulit dibuktikan terang-terangan (karena sifatnya rahasia), banyak pengamat yakin kemampuan Singapura mendominasi ekonomi kawasan bukan semata soal uang, tapi juga informasi (knowledge is power).

**7. Lobi Diplomatik dan Pengaruh Kebijakan**

---

0enhanced_0bcef9c45bd8a48eda1b26eb0c61c869_20as_0bcef9c45bd8a48eda1b26eb0c61c869_20a_0bcef9c45bd8a48eda1b26eb0c61c869_20result

Singapura secara diplomatik *mengawal* kepentingan bisnisnya di Indonesia. Berbagai upaya dilakukan pada level G2G (government-to-government) untuk memastikan regulasi Indonesia ramah terhadap investasi Singapura:

Singapura rutin mengadakan Leaders' Retreat dengan Presiden Indonesia. Dalam pertemuan ini, isu ekonomi selalu utama. PM Singapura tak segan meminta kelonggaran atau penjaminan bagi perusahaan mereka. Misal, dalam Leaders' Retreat 2017, PM Lee menyebut Singapura telah jadi investor terbesar dan meminta kerjasama diperluas di infrastruktur dan *digital economy*[45][17]. Pernyataan semacam ini menekan halus agar Indonesia terus membuka pintu.

Perjanjian bilateral: Setelah tertunda lama, pada 2022 ditandatangani paket perjanjian: Treaty Ekstradisi, Defence Cooperation Agreement (DCA), dan penyesuaian FIR (Flight Information Region)[46][18]. Di sini terlihat tukar menukar

---

17. https://www.pmo.gov.sg/Newsroom/opening-remarks-pm-lee-hsien-loong-singapore-indonesia-investment-forum#_853ae90f0351324bd73ea615e6487517__4c761f170e016836ff84498202b99827__853ae90f0351324bd73ea615e6487517_text_43ec3e5dee6e706af7766fffea512721_Opening_0bcef9c45bd8a48eda1b26eb0c61c869_20Remarks_0bcef9c45bd8a48eda1b26eb0c61c869_20by_0bcef9c45bd8a48eda1b26eb0c61c869_20PM_0bcef9c45bd8a48eda1b26eb0c61c869_20Lee_c0cb5f0fcf239ab3d9c1fcd31fff1efc_Investments_0bcef9c45bd8a48eda1b26eb0c61c869_20range_0bcef9c45bd8a48eda1b26eb0c61c869_20from_0bcef9c45bd8a48eda1b26eb0c61c869_20infrastructure

18. https://www.kba13.com/hubungan-indonesia-singapura-2025-analisis-strategis/#_853ae90f0351324bd73ea615e6487517__4c761f170e016836ff84498202b99827__853ae90f0351324bd73ea615e6487517_text_43ec3e5dee6e706af7766fffea512721_ini_0bcef9c45bd8a48eda1b26eb0c61c869_20ikut_0bcef9c45bd8a48eda1b26eb0c61c869_20mewarnai_0bcef9c45bd8a48eda1b26eb0c61c869_20kalkulasi_0bcef9c45bd8a48e

kepentingan. Indonesia mau Singapura meneken ekstradisi (agar buronan koruptor bisa ditangkap), Singapura bersedia asalkan DCA (pelatihan militer Singapura di wilayah RI) disetujui dan FIR atas Kep. Riau tetap sebagian dipegang Singapura hingga 2024. Kesepakatan tercapai. Kenapa ini relevan ekonomi? Ekstradisi terkait keuangan: Singapura selama ini dituduh jadi surga pelarian dana ilegal Indonesia, dan menolak ekstradisi sejak 1970an demi menarik dana tersebut. Begitu sudah banyak dana masuk dan situasi tertekan (karena China pun menyodok investasi ke RI), Singapura setuju ekstradisi dengan syarat yang menguntungkan (DCA). Kini saat perjanjian berlaku, publik bertanya apakah Singapura akan kehilangan dana "panas"? Mungkin tidak banyak, karena mereka telah lama menyiapkan struktur perbankan untuk cegah outflow tiba-tiba. Yang jelas, langkah diplomatik Singapura selalu berhitung dampak ekonomi.

Pengaruh di Forum ASEAN: Singapura konsisten mendorong integrasi ASEAN dan kesepakatan pro-pasar (AFTA, ACIA). Ini memudahkan perusahaannya ekspansi. Di forum ASEAN, Singapura sering jadi suara yang melobi agar Indonesia menurunkan hambatan perdagangan/investasi. Contoh, saat Indonesia ingin membatasi ekspor bahan mentah (nikel, batubara) demi hilirisasi, Singapura melalui pernyataan ASEAN Investment Council menyuarakan keprihatinan karena mengganggu investor mereka.

Tekanan halus: Jika kebijakan Indonesia merugikan perusahaan Singapura, Singapura tak segan menyatakan keberatan. Saat kasus Temasek-KPPU memanas, PM Lee ketika itu menyebut "kami menghormati hukum Indonesia, tapi perlakuan adil

---

da1b26eb0c61c869_20Singapura_c0cb5f0fcf239ab3d9c1fcd31fff1efc_dan_0bcef9c45bd

8a48eda1b26eb0c61c869_20Indonesia

terhadap investor penting untuk iklim investasi" – sindiran halus bahwa putusan anti-monopoli bisa bikin iklim buruk[47][19]. Begitu pula saat Indonesia melarang ekspor pasir laut (krusial untuk reklamasi Singapura) atau menerapkan bea keluar CPO tinggi, Singapura menyampaikan kekhawatiran lewat jalur diplomatik. Karena Indonesia membutuhkan hubungan baik, seringkali kebijakan melunak.

Diplomasi ekonomi Singapura juga meliputi perjanjian investasi bilateral (BIT) yang memberi perlindungan hukum kuat pada investor Singapura. Jika terjadi sengketa, perusahaan Singapura bisa gugat pemerintah Indonesia di arbitrase internasional (dilindungi oleh perjanjian). Ancaman gugatan ini kadang cukup untuk mengendurkan sikap pemerintah RI.

Pada tataran regional, Singapura memanfaatkan perannya di lembaga seperti ADB, IMF (di mana pengaruhnya sebagai negara maju didengar) untuk mendorong Indonesia tetap *open for business*. Dalam banyak laporan Bank Dunia, pola pikir pro-pasar yang disukai Singapura selalu ditonjolkan – ini bukan kebetulan mengingat Singapura punya figur di jaringan ekonomi global (mantan PM Goh Chok Tong pernah di IMF panel, dsb).

Intinya, strategi dominasi tak lepas dari "pengawalan" diplomatik. Singapura memastikan negara tetangga senantiasa melihatnya sebagai investor dan mitra penting, sehingga cenderung mengakomodasi kepentingan bisnisnya.

### 8. "*Soft Power*" dan Citra Positif

---

19. https://www.reuters.com/article/business/risk-taker-ho-ching-has-no-regrets-idUSTRE5152VT/#_853ae90f0351324bd73ea615e6487517__4c761f170e016836ff84498202b99827__853ae90f0351324bd73ea615e6487517_text_43ec3e5dee6e706af7766fffea512721_in_0bcef9c45bd8a48eda1b26eb0c61c869_20a_0bcef9c45bd8a48eda1b26eb0c61c869_20bloodless_0bcef9c45bd8a48eda1b26eb0c61c869_20coup

Singapura juga menjalankan strategi lunak: membangun citra positif di mata masyarakat dan elit Indonesia agar dominasinya tak ditolak. Beberapa langkah:

CSR dan Filantropi: Perusahaan Singapura aktif dalam tanggung jawab sosial di Indonesia. Contoh, Temasek Foundation mendanai program pengentasan kemiskinan, beasiswa, bantuan COVID-19 di Indonesia. Singtel melalui Telkomsel mendanai pendidikan digital untuk pelajar. Sembcorp membangun fasilitas air bersih di desa sekitar proyeknya. Hal-hal ini membuat keberadaan mereka lebih diterima dan bahkan dipuji, mengaburkan isu dominasi ekonomi.

Keterlibatan Lembaga Riset: Think tank Singapura seperti ISEAS menerbitkan kajian yang obyektif namun cenderung menonjolkan sisi positif interdependensi Indonesia–Singapura. Misalnya, ISEAS menyebut hubungan kedua negara sebagai *"constant negotiation of asymmetry"* namun saling menguntungkan bila dikelola baik[4][20]. Laporan ISEAS, RSIS, dll sering dikutip di media Indonesia, membentuk opini bahwa dominasi Singapura adalah normal dan bagian dari integrasi ASEAN. Selain itu, firma konsultan Singapura (Oliver Wyman, etc) rutin merilis survei yang

---

20. https://www.kba13.com/hubungan-indonesia-singapura-2025-analisis-strategis/#_853ae90f0351324bd73ea615e6487517__4c761f170e016836ff84498202b99827__853ae90f0351324bd73ea615e6487517_text_43cc3e5dee6e706af7766fffea512721_interdependensi_0bcef9c45bd8a48eda1b26eb0c61c869_20Singapura_0bcef9c45bd8a48eda1b26eb0c61c869_E2_0bcef9c45bd8a48eda1b26eb0c61c869_80_0bcef9c45bd8a48eda1b26eb0c61c869_93Indonesia_c0cb5f0fcf239ab3d9c1fcd31fff1efc_memanfaatkan_0bcef9c45bd8a48eda1b26eb0c61c869_20kelebihannya_0bcef9c45bd8a48eda1b26eb0c61c869_20sebagai_0bcef9c45bd8a48eda1b26eb0c61c869_20negara_0bcef9c45bd8a48eda1b26eb0c61c869_20besar

memuji iklim investasi RI yang kondusif berkat peran Singapura – ini melobi opini publik intelektual.

Media & Pendidikan: Singapura menempatkan diri sebagai destinasi wisata belanja dan pendidikan bagi kelas menengah Indonesia. Tiap tahun jutaan orang Indonesia ke Singapura untuk liburan, berobat, sekolah. Ini menciptakan goodwill dan kekaguman pada "kehebatan" Singapura. Efek jangka panjang: publik Indonesia lebih permisif terhadap kehadiran Singapura di ekonomi mereka, bahkan ada kecenderungan "Singapura envy" – menganggap investasi Singapura membawa modernitas. Brookings Institution mencatat fenomena ini sebagai "konflik identitas": Singapura dilihat sebagian sebagai penolong ekonomi (investor, pengelola efisien) namun di sisi lain sumber iri hati dan curiga[6][21]. Perusahaan Singapura diuntungkan oleh persepsi sebagai pihak yang efisien dan transparan, berbeda dengan investor dari negara tertentu yang dicurigai (misal China).

Pendekatan Kultural: Singapura merekrut banyak eksekutif asal Indonesia dalam perusahaannya, sehingga ada rasa kedekatan. Misal, manajemen senior Sembcorp Indonesia diisi profesional lokal, Grab Indonesia CEO-nya orang Indonesia, dan lain

21. https://www.kba13.com/hubungan-indonesia-singapura-2025-analisis-strategis/#_853ae90f0351324bd73ea615e6487517__4c761f170e016836ff84498202b99827__853ae90f0351324bd73ea615e6487517_text_43ec3e5dee6e706af7766fffea512721_banyak_0bcef9c45bd8a48eda1b26eb0c61c869_20perusahaan_0bcef9c45bd8a48eda1b26eb0c61c869_20Indonesia_0bcef9c45bd8a48eda1b26eb0c61c869_20melakukan_0bcef9c45bd8a48eda1b26eb0c61c869_20listing_c0cb5f0fcf239ab3d9c1fcd31fff1efc_juga_0bcef9c45bd8a48eda1b26eb0c61c869_20sumber_0bcef9c45bd8a48eda1b26eb0c61c869_20iri_0bcef9c45bd8a48eda1b26eb0c61c869_20dan_0bcef9c45bd8a48eda1b26eb0c61c869_20curiga

sebagainya. Mereka tampil di publik seolah perusahaan lokal. Hal ini *soften image* Singapura di mata rakyat.

Lewat *soft power* ini, Singapura memanipulasi halus pemerintah, swasta, dan rakyat Indonesia untuk menerima kehadirannya. Manipulasi di sini bukan selalu negatif; bisa dilihat sebagai *influence.* Tetapi intinya, Singapura tidak hanya mengandalkan kekuatan modal, melainkan juga narasi dan citra untuk mempertahankan dominasinya.

# Bab IV Modus Operandi Rinci dan "Manipulasi" terhadap Indonesia

SETELAH MEMBAHAS STRATEGI umum, kita rangkum bagaimana modus operandi perusahaan Singapura berjalan di lapangan, serta bagaimana mereka "memanipulasi" pemerintah, swasta, dan masyarakat Indonesia demi tujuan mereka:

Penguasaan Saham Mayoritas secara Diam-Diam: Banyak perusahaan Singapura menggunakan anak usaha atau nominee untuk akuisisi agar tidak terdeteksi sebagai asing. Ini kadang manipulasi aturan. Contoh kasus Temasek di Indosat/Telkomsel: menggunakan dua entitas berbeda untuk hindari image monopoli[16][1]. Juga dalam bank, sebelum aturan 40%, Temasek pakai "Sorak Financial" (konsorsium dengan Kookmin) sebagai nama SPV pembeli BII[48][2]. Manipulasi semacam ini baru

1. https://www.reuters.com/article/business/risk-taker-ho-ching-has-no-regrets-idUSTRE5152VT/#_853ae90f0351324bd73ea615e6487517__4c761f170e016836ff84498202b99827__853ae90f0351324bd73ea615e6487517_text_43ec3e5dee6e706af7766fffea512721_Shin_0bcef9c45bd8a48eda1b26eb0c61c869_20has_0bcef9c45bd8a48eda1b26eb0c61c869_20since_0bcef9c45bd8a48eda1b26eb0c61c869_20lost_0bcef9c45bd8a48eda1b26eb0c61c869_20about_c0cb5f0fcf239ab3d9c1fcd31fff1efc_thirds_0bcef9c45bd8a48eda1b26eb0c61c869_20of_0bcef9c45bd8a48eda1b26eb0c61c869_20its_0bcef9c45bd8a48eda1b26eb0c61c869_20market_0bcef9c45bd8a48eda1b26eb0c61c869_20value

ketahuan belakangan oleh otoritas Indonesia. Artinya, modus mereka adalah stealth ownership – kendali nyata di tangan Singapura tetapi pakai bendera nama lain sementara.

Lobbying dan "Kulit Muka": Perusahaan besar Singapura sering mempekerjakan figur berpengaruh Indonesia sebagai komisaris/penasihat. Dengan "papan nama" tokoh lokal (misal: mantan menteri atau jenderal Indonesia di dewan komisaris), mereka melobi pemerintah dari dalam. Ini manipulasi karena seakan perusahaan itu pro-Indonesia, padahal keputusan tetap di Singapura. Contoh, Temasek menempatkan Chatib Basri (mantan Kepala BKPM) sebagai komisaris Bank Danamon pasca-akuisisi – tujuannya mendekat ke regulator.

Pengaturan Harga dan Pasar: Ketika menguasai sektor, perusahaan Singapura cenderung mengatur harga demi profit maksimal, kadang mengorbankan konsumen Indonesia. Contoh tuduhan KPPU: Temasek diduga buat Telkomsel-Indosat tidak saling perang tarif agar ARPU tinggi[16][3]. Begitu pula Wilmar,

---

2. https://www.fitchratings.com/research/banks/fitch-places-maybank-idrs-on-rating-watch-evolving-after-bii-announcement-26-03-2008#_853ae90f0351324bd73ea615e6487517__4c761f170e016836ff84498202b99827__853ae90f0351324bd73ea615e6487517_text_43ec3e5dee6e706af7766fffea512721__c0cb5f0fcf239ab3d9c1fcd31fff1efc_Additionally_0bcef9c45bd8a48eda1b26eb0c61c869_2C_0bcef9c45bd8a48eda1b26eb0c61c869_20as_0bcef9c45bd8a48eda1b26eb0c61c869_20per

3. https://www.reuters.com/article/business/risk-taker-ho-ching-has-no-regrets-idUSTRE5152VT/#_853ae90f0351324bd73ea615e6487517__4c761f170e016836ff84498202b99827__853ae90f0351324bd73ea615e6487517_text_43ec3e5dee6e706af7766fffea512721_Shin_0bcef9c45bd8a48eda1b26eb0c61c869_20has_0bcef9c45bd8a48eda1b26eb0c61c869_20since_0bcef9c45bd8a48eda1b26eb0c61c869_20lost_0bcef9c45bd8a48eda1b26eb0c61c869_20about_c0cb5f0fcf239ab3d9c1fcd31fff1efc_thirds_0bcef9c45bd8a

diduga menyetir harga minyak goreng lokal (bahkan pernah diselidiki Komisi Pengawas Persaingan Usaha dalam kartel minyak goreng). Dengan mengontrol supply chain dari hulu ke hilir, mereka bisa menaikkan harga di tingkat konsumen Indonesia diam-diam. Pemerintah Indonesia seringkali terlambat merespon karena rantai distribusinya kompleks dan perusahaan Singapura pandai berkelit (contoh: saat harga minyak goreng melonjak 2022, pemerintah kesulitan menertibkan karena stok diatur dalam jaringan Wilmar/Golden Agri).

Mengunci Kontrak Jangka Panjang: Modus lain adalah mendorong pemerintah/mitra Indonesia meneken kontrak jangka panjang yang menguntungkan Singapura. Misal, kontrak pasokan gas Natuna ke Singapura 20 tahun[35][4]; kontrak operator pelabuhan 15 tahun; perjanjian sewa lahan industri 60 tahun di Batam. Klausul kontrak biasanya berpihak: harga gas fix rendah merugikan Indonesia, atau sewa lahan murah bagi investor Singapura. Begitu ditandatangani, Indonesia sulit mengubah tanpa kena penalti arbitrase. Ini cara halus "memerangkap" kebijakan Indonesia agar menguntungkan Singapura secara permanen.

---

48eda1b26eb0c61c869_20of_0bcef9c45bd8a48eda1b26eb0c61c869_20its_0bcef9c45bd8a48eda1b26eb0c61c869_20market_0bcef9c45bd8a48eda1b26eb0c61c869_20value

4. https://www.ogj.com/general-interest/companies/article/17253560/natuna-gas-delivery-to-singapore-expected-ahead-of-schedule#_853ae90f0351324bd73ea615e6487517__4c761f170e016836ff84498202b99827__853ae90f0351324bd73ea615e6487517_text_43ec3e5dee6e706af7766fffea512721_In_0bcef9c45bd8a48eda1b26eb0c61c869_20January_0bcef9c45bd8a48eda1b26eb0c61c869_201999_0bcef9c45bd8a48eda1b26eb0c61c869_2C_0bcef9c45bd8a48eda1b26eb0c61c869_20SembCorp_0bcef9c45bd8a48eda1b26eb0c61c869_20Gas_c0cb5f0fcf239ab3d9c1fcd31fff1efc_The_0bcef9c45bd8a48eda1b26eb0c61c869_20purchase

Eksploitasi Celah Hukum dan Lemahnya Penegakan: Banyak perusahaan Singapura mengambil keuntungan dari regulasi Indonesia yang longgar di era 2000-an. Contoh: kelemahan UU Anti-Monopoli sebelum 1999 dimanfaatkan Temasek di telekom. Atau kebijakan pajak; perusahaan seperti Asia Pulp & Paper milik keluarga Indonesia di Singapura menstruktur bisnis sedemikian rupa agar labanya muncul di Singapura (berpajak rendah) sementara Indonesia hanya dapat pajak minimal. Ini legal secara teknis, namun secara moral memanipulasi kelemahan sistem pajak bilateral.

Menggandeng Oknum untuk Imunitas: Isu korupsi tak bisa diabaikan. Meskipun citra Singapura bersih, bukan mustahil ada uang pelicin mengalir agar bisnis mereka lancar di Indonesia. Ada dugaan misal dalam pembelian Indosat dulu, broker-broker dekat kekuasaan dilibatkan. Juga untuk urusan perizinan lahan (perkebunan, tambang), perusahaan Singapura melalui entitas lokal bisa saja meneruskan praktik suap yang jamak di Indonesia – namun menjaga jarak agar induk di Singapura tak tercemar. Ini modus "cuci tangan": kerja kotor ditangani partner lokal atau konsultan, sementara perusahaan Singapura jaga image bersih. Akhirnya, mereka dapat yang diinginkan (izin/usaha) tanpa menanggung reputasi buruk, sedangkan korupsi lokal tetap terjadi.

Menunggangi Kebijakan RI yang Pro-Pasar: Setiap kali Indonesia bergeser ke kebijakan liberal, perusahaan Singapura menungganginya optimal. Contoh, Omnibus Law 2020 yang mempermudah investasi asing disambut gembira oleh investor Singapura. BKPM data 2021–2022 menunjukkan lonjakan realisasi investasi Singapura di bidang yang diliberalisasi (seperti perkebunan tebu, pergudangan, dll). Saat Indonesia privatisasi BUMN non-strategis, pembeli terdepan sering konsorsium dari

Singapura. Manipulasinya di sini adalah mengisi kekosongan yang ditinggalkan negara: ketika Indonesia menarik diri dari sektor tertentu, Singapura melangkah masuk dan menguasainya.

Manipulasi Pemerintah RI: Sebenarnya kata "manipulasi" bisa keras, namun realitanya perusahaan Singapura sangat piawai mempengaruhi kebijakan. Mereka kerap membiayai studi atau konsultan yang kemudian dijadikan rujukan oleh pemerintah RI. Contoh, studi swasta (kadang dibiayai perbankan Singapura) yang menunjukkan urgensi asing di perbankan, lalu pemerintah pakai itu untuk landasan keluarkan aturan relaksasi kepemilikan. Demikian pula dalam rancangan peraturan e-commerce atau fintech, masukan dari venture capital Singapura sangat gencar. Pemerintah RI mungkin tak sadar sedang diarahkan, tapi itulah bentuk halus manipulasi.

Manipulasi Swasta Lokal: Alih-alih bersaing frontal, perusahaan Singapura sering merangkul pesaing lokal via akuisisi atau kolaborasi, sehingga tak ada suara penentangan. Contoh: setelah Uber hengkang, Grab mengajak EMTK (pemilik Grab's ex-competitor lokal) menjadi investor. Shopee menggaet modal Sinarmas (lewat investasi di anak usaha). Alhasil, konglomerat Indonesia pun jadi partner yang diuntungkan, bukan rival. Ini mematikan potensi resistensi domestik, karena elite bisnis lokal ikut menikmati kue dominasi Singapura.

Manipulasi Rakyat: Pada akhirnya, rakyat Indonesia "dimanipulasi" secara tidak langsung lewat ketergantungan. Misal, masyarakat menikmati tarif data murah Telkomsel tanpa sadar profitnya lari sebagian ke Singapura. Atau senang belanja diskon di Shopee tanpa peduli uangnya memperkaya korporasi Singapura. Bahkan dalam hal strategis: rakyat menderita kabut asap, tapi tak banyak tahu bahwa investor Singapura berada di balik perusahaan penyebab asap[49][5]. Minimnya informasi ini juga bentuk kegagalan edukasi – di situ barangkali ada "peran" lembaga riset atau media internasional yang tidak terlalu menyorot, menjaga agar publik fokus ke isu lokal (misal menyalahkan pemerintah RI saja, tanpa melihat aktor asing).

Singkatnya, modus operandi perusahaan Singapura mencakup cara-cara terang (investasi langsung, kerjasama formal) maupun metode terselubung (struktur kompleks, intelijen informasi, lobbying tersembunyi). Semua diarahkan pada satu tujuan: memaksimalkan pengaruh ekonomi di Indonesia dengan risiko seminimal mungkin.

---

5. https://www.kba13.com/hubungan-indonesia singapura-2025-analisis-strategis/#_853ae90f0351324bd73ea615e6487517__4c761f170e016836ff84498202b99827__853ae90f0351324bd73ea615e6487517_text_43ec3e5dee6e706af7766fffea512721_Namanya_0bcef9c45bd8a48eda1b26eb0c61c869_20juga_0bcef9c45bd8a48eda1b26eb0c61c869_20ASEAN_0bcef9c45bd8a48eda1b26eb0c61c869_E2_0bcef9c45bd8a48eda1b26eb0c61c869_80_0bcef9c45bd8a48eda1b26eb0c61c869_94non_c0cb5f0fcf239ab3d9c1fcd31fff1efc_lingkungan_0bcef9c45bd8a48eda1b26eb0c61c869_2C_0bcef9c45bd8a48eda1b26eb0c61c869_20juga_0bcef9c45bd8a48eda1b26eb0c61c869_20terasa_0bcef9c45bd8a48eda1b26eb0c61c869_20secara_0bcef9c45bd8a48eda1b26eb0c61c869_20ekonomi

# Bab V Wilayah Dominiasi Ekonomi Singapura di Indonesia

PENGARUH PERUSAHAAN Singapura terasa di berbagai kawasan geografis Indonesia, namun beberapa wilayah kunci menjadi pusat dominasinya: Kepulauan Riau (Batam, Bintan, Karimun): Ini merupakan "halaman belakang" Singapura. Sejak akhir 1980-an, wilayah ini dikembangkan bersama sebagai Segitiga Pertumbuhan. Batam khususnya menjadi semacam "kota satelit" Singapura. Sembcorp mengelola kawasan industri Batamindo, ratusan perusahaan manufaktur (banyak subkontraktor elektronik Singapura) beroperasi di sana[31][1]. Singapura menyuplai listrik ke Batam; sebaliknya dari Batam diekspor gas dan air ke Singapura. Bintan juga punya zona pariwisata Lagoi yang dibangun investor Singapura sebagai "Bali-nya Singapura". Karimun dijadikan pelabuhan bongkar muat. Pemerintah Singapura bahkan membantu melobi agar Batam diberi status FTZ (Free Trade

1. https://ink.library.smu.edu.sg/cgi/viewcontent.cgi?article=3881&context=lkcsb_research#_853ae90f0351324bd73ea615e6487517__4c761f170e016836ff84498202b99827__853ae90f0351324bd73ea615e6487517_text_43ec3e5dee6e706af7766fffea512721__c0cb5f0fcf239ab3d9c1fcd31fff1efc_venture_0bcef9c45bd8a48eda1b26eb0c61c869_20between_0bcef9c45bd8a48eda1b26eb0c61c869_20two_0bcef9c45bd8a48eda1b26eb0c61c869_20Singapore

Zone) demi kelancaran bisnis. Hasilnya, ekonomi Kep. Riau sangat terintegrasi dengan Singapura: >70% investasi di sana asal Singapura, mata uang SGD lazim dipakai. Wilayah ini adalah contoh nyata dominasi langsung di tingkat regional.

DKI Jakarta & Sekitarnya: Sebagai ibu kota dan pusat bisnis, Jakarta adalah magnet investasi Singapura. Sektor properti premium Jakarta banyak dimiliki Singapura: mal Plaza Singapura (Pemilik: Temasek+CapitaLand), gedung perkantoran SCBD (sebagian investasi GIC), hotel bintang 5 (Hotel Orchard Road? – sebenarnya beberapa hotel grup Meritus pernah masuk). Dalam sektor keuangan, hampir semua bank dan asuransi Singapura punya kantor cabang di Jakarta. Kawasan SCBD, Kuningan, Thamrin bertebaran kantor perwakilan perusahaan Singapura (dari perbankan, minyak trading, sampai tech). Singapura juga terlibat dalam pembangunan infrastruktur Jakarta: perusahaan konsultan SG terlibat desain MRT Jakarta, perencanaan Ibu Kota Baru (Surbana Jurong, BUMN SG, dilibatkan dalam masterplan Nusantara). Secara tidak langsung, dominasi Singapura hadir via sumber daya manusia: ribuan ekspatriat Singapura bekerja di Jakarta (banker, konsultan, manajer perusahaan multinasional). Mereka membawa budaya bisnis Singapura dan menjadikan Jakarta ekstensi pasar SG (contoh: restoran dan ritel Singaporean bermunculan di Jakarta melayani komunitas ini).

Sumatra (Riau, Sumut, Sumsel): Provinsi Riau daratan dan Sumatera Utara merupakan lumbung sawit dan minyak yang banyak disentuh perusahaan Singapura. Riau: Wilmar basis di Dumai (refinery besar), Chevron (dulu Caltex) di Blok Rokan bermitra dengan trader SG untuk ekspor minyak. Sumut: banyak perkebunan Sinar Mas dan Wilmar. Medan juga jadi kota di mana bank Singapura (OCBC NISP, UOB) kuat di komunitas pengusaha Tionghoa. Sumsel: gas dikirim ke Singapura dari sini (Grissik – P. Sakra pipeline). Juga Singapura membeli batu bara Sumsel via trader. Secara ekonomi, Sumatra bagian utara dan tengah punya hubungan historis lama dengan Singapura (sejak era perdagangan selat Malaka), sekarang diambil alih korporasi modern.

Kalimantan: Sektor tambang dan sawit di Kalimantan Timur & Tengah tak lepas dari pendanaan Singapura. Kelompok Sukanto Tanoto (Royal Golden Eagle) bermarkas di Singapura tapi operasional hutan tanaman di Kalimantan. Kaltim: Wilmar punya perkebunan luas, Temasek/GIC pernah investasi di tambang batu bara (melalui Dalton Investments). Juga, kota Balikpapan dan Bontang ada fasilitas minyak/gas yang hasilnya diekspor via Singapura. Menariknya, dalam proyek Ibu Kota Nusantara (IKN) di Kaltim, Singapura cepat bergerak: memulai proyek pembangkit solar Nusantara untuk suplai IKN[50][2]. Kemungkinan investor Singapura siap tanam modal di properti IKN juga.

Jawa: Sebagai pusat populasi, dominasi terlihat di sektor consumer. Jabodetabek: Shopee dan Grab sangat kuat, mendominasi e-commerce dan transportasi. Jawa Tengah: Kawasan industri Kendal (dekat Semarang) milik Sembcorp menjadi magnet baru; ini menyasar industri ringan yang relokasi dari Jawa Barat/China. Jawa Barat: Beberapa pabrik tekstil/perakit

2. https://www.pv-tech.org/sembcorp-launches-solar-plus-storage-site-set-to-power-indonesias-new-capital-city/#_853ae90f0351324bd73ea615e6487517__4c761f170e016836ff84498202b99827__853ae90f0351324bd73ea615e6487517_text_43ec3e5dee6e706af7766fffea512721_Solar_c0cb5f0fcf239ab3d9c1fcd31fff1efc_NSSE_0bcef9c45bd8a48eda1b26eb0c61c869_29_0bcef9c45bd8a48eda1b26eb0c61c869_20power_0bcef9c45bd8a48eda1b26eb0c61c869_20plant

elektronik di sekitar Bandung dan Bekasi adalah PMA Singapura. Jawa Timur: Pelabuhan dan gudang Surabaya sebagian didanai modal Singapura, dan Wilmar punya pabrik minyak goreng di Gresik.

Sulawesi & Indonesia Timur: Tradisional tidak terlalu tersentuh, tapi belakangan mulai. Sulsel: Olam mendirikan pabrik kakao di Makassar, Grab hadir sampai kota level 2. Maluku/Papua: Trader Singapura membeli hasil perikanan Ambon dan tuna Papua (melalui skema transshipment di laut). Juga Freeport menjual konsentrat tembaga ke smelter yang dananya ditata lewat bank Singapura. Pengaruh langsung mungkin kecil, tapi arus perdagangan ke Singapura kuat – misal 80% ekspor perikanan Maluku via trader di Singapura.

Kesimpulannya, dominasi Singapura berbeda bentuk di tiap wilayah: langsung (Batam) vs via supply chain (Sumatra/ Kalimantan) atau via platform digital (seluruh Indonesia). Namun benang merahnya: nyaris tak ada wilayah ekonomi strategis Indonesia yang bebas dari keterlibatan Singapura. Dari ujung barat Sabang (banyak investor Sabang dari Singapore Malay business) hingga Merauke (Mero Saks Garden rumored?), jejak modal Singapura ada.

# Bab VI "Mengatur dari Singapura": Mekanisme Kontrol Jarak Jauh

BAGAIMANA SINGAPURA – secara harfiah negara kota di seberang lautan – bisa mengatur ekonomi Indonesia? Tentu bukan berarti Singapura menggerakkan setiap detil, tetapi ada mekanisme kontrol jarak jauh yang efektif:

Struktur Kepemilikan dan Board Control: Perusahaan Singapura memastikan dalam JV atau anak usaha Indonesia, mereka pegang posisi kunci: mayoritas saham atau hak veto keputusan penting. Walau manajemen harian bisa diserahkan ke tim lokal, tiap keputusan strategis (capex besar, ekspansi, pricing strategy) ditentukan pemegang saham mayoritas. Contoh: Telkomsel sehari-hari diurus Telkom Indonesia (punya 65%), tapi untuk hal seperti belanja frekuensi 5G, SingTel pasti dilibatkan. Dengan duduk di komisaris, wakil Singapura mengarahkan kebijakan sesuai kepentingannya. Temasek menempatkan eksekutifnya di dewan perusahaan investasinya di Indonesia, jadi arus informasi dan instruksi terjaga.

*Reporting* dan *Monitoring*: Anak-anak perusahaan di Indonesia diwajibkan lapor rutin ke HQ Singapura. Laporan keuangan, operasional, intel pasar dikirim bulanan/kuartalan. Dengan teknologi, rapat daring direksi lintas negara mudah. Hal ini membuat kendali real-time mungkin. Sebagai contoh, Grab Indonesia meski punya tim lokal besar, tetap melapor ke regional HQ di Singapura setiap hari tentang metrics (driver, order). Keputusan promo diskon di Jakarta pun disetujui tim revenue di Singapura. *Centralised management system* ala Singapura ini memastikan satu komando.

Pengaruh melalui Standar Operasional: Perusahaan Singapura menerapkan SOP uniform di seluruh regional. Itu artinya, cara kerja cabang Indonesia mengikuti panduan Singapura. Ini bentuk kontrol halus: tanpa perlu perintah harian, karyawan di Indonesia sudah bekerja sesuai "template" Singapura. Misal, bank OCBC NISP mengadopsi risk management sistem OCBC pusat; alhasil kebijakan kredit pun sejalan dengan preferensi Singapura (mungkin lebih ketat ke UMKM tertentu, lebih terbuka ke trade finance terkait SG).

Teknologi Informasi: Banyak operasi perusahaan kini digital, server terpusat di Singapura. Data bisnis Indonesia disimpan di Singapura (contoh: data transaksi Shopee Indonesia ada di data center Sea Ltd di Singapura). Dengan data di tangan, perusahaan Singapura bisa analisis dan ambil keputusan dari jauh. Ini keunggulan, mereka tak perlu menunggu laporan manual, cukup cek dashboard. Bahkan sidang dewan direksi pun bisa via VC.

Mata Rantai Pasokan yang Terkendali: Perusahaan Singapura sering mengintegrasikan rantai pasok lintas negara. Contoh, Sembcorp mengatur suplai listrik Batam dari Singapura – kalau ada isu di Batam, pusat kendali di SG yang atur redistribusi. Atau Wilmar: kantor trading global di SG menentukan ke mana CPO dari Kalimantan dijual, pabrik di Kalimantan tinggal menerima instruksi volume. Begitu pula e-commerce: Shopee Singapura nego dengan brand global, merchant Indonesia cukup ikut campaign yang diatur regional. Integrasi supply chain ini artinya Indonesia hanya jadi satu node yang perannya ditentukan pusat.

Regulatory Leverage: Singapura bisa memengaruhi Indonesia lewat regulatory pressure (sudah dibahas di diplomasi). Jadi, ketika kontrol langsung tersendat (misal, kebijakan lokal melarang sesuatu), Singapura menekan lewat jalur pemerintah. Contoh: ketika BI membatasi kepemilikan asing di bank (seperti kasus DBS-Danamon), Singapura lobi agar ada pengecualian bagi "investor berkomitmen" – walau gagal saat itu, tapi akhirnya BI melunak di kasus lain (MUFG di Danamon misalnya). Jadi kalaupun perusahaan Singapura kalah di satu aturan, mereka tak tinggal diam – merancang solusi jangka menengah via kesepakatan G2G.

Bisnis Intelijen dan Early Warning: Berkat jaringan informasi kuat, manajemen di Singapura sering mendapat peringatan dini soal gejolak di Indonesia (politik, ekonomi). Contoh, sebelum Pilkada atau Pemilu yang memanas, mungkin Singapura sudah antisipasi capital outflow atau kerusuhan stok barang. Mereka bisa menginstruksikan unit di Indonesia menyesuaikan (tingkatkan stok BBM, tahan ekspansi kredit dsb). Ini membuat bisnis mereka lebih resilient dibanding pemain murni lokal yang kadang gagap. Dengan selalu selangkah lebih maju, kontrol efektif dipertahankan.

Rotasi Eksekutif: Perusahaan Singapura sering menukar eksekutif antar negara. Seorang CEO anak usaha Indonesia bisa sewaktu-waktu ditarik ke kantor pusat, diganti orang baru yang segar. Ini menjaga loyalitas: manajemen lokal tahu mereka di bawah karir global, sehingga patuh. Dan rotasi memastikan tidak ada eksekutif lokal yang terlalu mandiri hingga bisa "membelot".

Keunggulan Modal dan Likuiditas: Pusat di Singapura mengontrol dompet. Jika anak usaha butuh pendanaan, ia harus minta ke HQ. Sebaliknya, jika HQ ingin menarik laba (dividen), tinggal perintahkan transfer. Kontrol modal ini membuat unit di Indonesia bergantung – misal, saat krisis COVID, banyak perusahaan asing kirim dana ke unit Indonesia supaya bertahan, termasuk dari Singapura. Ini memperkuat posisi mereka pasca-krisis sementara pesaing lokal tumbang.

Dengan mekanisme di atas, tanpa perlu hadir fisik, Singapura "mengendalikan remote" ekonomi Indonesia melalui korporasi. Tentu tak semua detail bisa diatur – misal karyawan lokal, interaksi dengan pemerintah daerah, hal-hal teknis tetap dijalankan tim Indonesia. Tapi kebijakan besar dan aliran keuntungan sepenuhnya diatur dari Singapura.

# Bab VII Aktor-Aktor Kunci dan Pihak yang Memberi Peluang

DALAM DOMINASI INI, ada aktor di kedua sisi: pihak Singapura yang menjalankan "operasi" dan pihak Indonesia yang memberi jalan atau bahkan mendukung.

Aktor kunci Singapura:

Lee Kuan Yew (LKY) – Pendiri Singapura modern, meski wafat 2015, visi dan kebijakannya meletakkan dasar dominasi ini. LKY sejak 1970an menekankan pentingnya Indonesia bagi ekonomi Singapura, tapi juga berujar "Indonesia dapat menjadi ancaman jika tidak stabil." Maka ia dorong diversifikasi investasi Singapura keluar. LKY juga sering berhubungan dengan Presiden Soeharto, Habibie, dll, membangun trust yang memudahkan GLC masuk. LKY's legacy terlihat di Temasek (dibentuk 1974 di era LKY) dan GIC (1981).

Lee Hsien Loong – PM 2004-2023 (kini SM). Sebagai PM yang juga Ketua GIC[22][1], Lee Hsien Loong berperan memastikan

---

1. https://www.pmo.gov.sg/The-Cabinet/Mr-LEE-Hsien-Loong#_853ae90f0351324bd73ea615e6487517__4c761f170e016836ff84498202b99827__853ae90f0351324bd73ea615e6487517_text_43ec3e5dee6e706af7766fffea512721_Mr_0bcef9c45bd8a48eda1b26eb0c61c869_20LEE_0bcef9c45bd8a48eda1b26eb0c61c869_20Hsien_0bcef9c45bd8a48eda1b26eb0c61c869_20Loong_0bcef9c45bd

investasi di Indonesia terus ditingkatkan pasca 1998. Ia beberapa kali campur tangan langsung, contoh: menelepon Presiden SBY sekitar 2007 terkait masalah Temasek-KPPU (tentu secara diplomatik). Juga mendukung ide "special economic zone" Kendal di era Jokowi. LHL sebagai ekonom paham detail, ia sering memuji Indonesia di forum global untuk menarik investor ke sana via Singapura.

Ho Ching – Mantan CEO Temasek (2004–2021) dan istri PM. Di bawah Ho Ching, Temasek agresif global dan masuk Indonesia dengan pendekatan "meritokrasi investasi". Ho Ching berani ambil risiko (contoh investasi di Indosat dan Danamon)[16][2]. Meski ada batu sandungan, banyak deal juga sukses. Ia tokoh sentral yang menggerakkan "tangan" Temasek di Indonesia.

Para Eksekutif GLC: seperti Piyush Gupta (CEO DBS), Neil Montefiore/Chua Sock Koong/Yuen Moon (CEO SingTel dari masa ke masa), Nino Kwok (CEO Wilmar), Forrest Li (CEO Sea/Shopee), dsb. Mereka ini yang menjalankan strategi di lapangan. Piyush misalnya punya visi menjadikan DBS "bank Asia" dengan

---

8a48eda1b26eb0c61c869_20_c0cb5f0fcf239ab3d9c1fcd31fff1efc_panel_0bcef9c45bd8a48eda1b26eb0c61c869_20that_0bcef9c45bd8a48eda1b26eb0c61c869_20provides_0bcef9c45bd8a48eda1b26eb0c61c869_20strategic

2. https://www.reuters.com/article/business/risk-taker-ho-ching-has-no-regrets-idUSTRE5152VT/#_853ae90f0351324bd73ea615e6487517__4c761f170e016836ff84498202b99827__853ae90f0351324bd73ea615e6487517_text_43ec3e5dee6e706af7766fffea512721_Shin_0bcef9c45bd8a48eda1b26eb0c61c869_20has_0bcef9c45bd8a48eda1b26eb0c61c869_20since_0bcef9c45bd8a48eda1b26eb0c61c869_20lost_0bcef9c45bd8a48eda1b26eb0c61c869_20about_c0cb5f0fcf239ab3d9c1fcd31fff1efc_thirds_0bcef9c45bd8a48eda1b26eb0c61c869_20of_0bcef9c45bd8a48eda1b26eb0c61c869_20its_0bcef9c45bd8a48eda1b26eb0c61c869_20market_0bcef9c45bd8a48eda1b26eb0c61c869_20value

Indonesia target utama; Forrest Li melihat Indonesia pasar terbesar e-commerce dan mengalokasikan bujet promosi agresif di sini. Para eksekutif ini sebagian orang Singapura, sebagian ekspat, tapi semua digerakkan oleh kepentingan *shareholder* di Singapura.

Keluarga Kuok & Martua – Walau Martua Sitorus orang Indonesia, duo Kuok-Martua beroperasi dari Singapura. Mereka contoh aktor swasta kunci. Begitu juga keluarga Widjaja (Sinar Mas) saat mendirikan Golden Agri di Singapura – mereka berperan aktif lobi kebijakan sawit kedua negara. Sukanto Tanoto (RGE) juga, ia pindah ke Singapura 1997 dan dari sana mengontrol bisnis pulp & paper raksasa APRIL di Riau. Sukanto kini dianggap billionaire Singapura[30][3]. Para taipan "Indonesian roots, Singapore base" ini menjadi jembatan dominasi.

Intelligence & Strategist: Tidak terlihat tapi penting – misal, Kishore Mahbubani (akademisi/diplomat) dan Tommy Koh (diplomat) yang paham Indonesia dan memandu kebijakan luar negeri ekonomi Singapura. Juga petinggi SID (nama biasanya rahasia) yang mengarahkan intelijen ekonomi. Mereka aktor pendukung di belakang layar.

Pemerintah dan Pembuat Kebijakan: Setelah 1998, presiden seperti BJ Habibie membuka keran asing (dialah merintis Batamindo dengan SG). Megawati menjual Indosat ke Temasek (2002) – ini keputusan kontroversial tapi membuka akses asing. SBY di satu sisi nasionalis, tapi juga izinkan akuisisi bank oleh

---

3. https://www.caproasia.com/2024/04/19/forbes-billionaires-list-singapore-2024-52-billionaires-with-155-billion-net-worth-top-10-billionaires-are-eduardo-saverin-goh-cheng-liang-philip-ng-robert-ng-leo-koguan-zhang-yong-takao-yasu/#_853ae90f0351324bd73ea615e6487517__4c761f170e016836ff84498202b99827__853ae90f0351324bd73ea615e6487517_text_43ec3e5dee6e706af7766fffea512721_10_c0cb5f0fcf239ab3d9c1fcd31fff1efc_9_0bcef9c45bd8a48eda1b26eb0c61c869_20billion

Temasek (dan bahkan sempat gaungkan "Indonesia tak perlu takut modal Singapura"). Jokowi paling pro-investasi: membentuk BKPM one-stop service, Omnibus Law; ini mengundang Singapura semakin deras. Para menteri ekonomi era-era ini pun rata-rata lulusan Barat yang pro pasar terbuka (menkeu Sri Mulyani, Chatib Basri, Gita Wirjawan, dll) – mereka menilai positif masuknya modal Singapura. Terkadang, mereka menganggap dominasi Singapura lebih baik daripada alternatif lain (misal dari RRC), sehingga cenderung memilih Singapura sebagai mitra favorit.

Birokrat & Otoritas Teknis: Bank Indonesia, OJK, Bappenas juga punya andil. Contoh, BI di awal 2000an tidak membatasi asing masuk perbankan (hingga akhirnya 99% boleh, baru direm 2012). OJK belakangan justru mendorong konsolidasi bank kecil, mempersilakan bank besar Singapura ambil alih kalau perlu. Ini terjadi saat UOB bisa beli Bank OU ke Bank UOB. Demikian pula Kominfo dulu membuka 3 lisensi seluler (Telkomsel, Indosat, XL) yang akhirnya dikuasai asing. Ada argumen "to gain technology and efficiency" yang digaungkan birokrat, memberi karpet merah.

Konglomerat Lokal: Seperti disinggung, banyak konglomerat berpartner dengan Singapura. Mereka memberi akses pasar domestik dan legitimasi lokal pada modal Singapura. Salim Group, Sinar Mas, Lippo (khususnya Lippo banyak terima modal GIC di proyeknya), Astra (pernah joint venture dengan SingTel untuk Telekomunikasi di Mitra, meski gagal). Mereka terima keuntungan finansial, sedangkan Singapura dapat jalan pintas kuasai pasar Kolaborasi ini kadang terlihat "nasional" padahal intinya memperbesar dominasi asing.

Orang Kaya Indonesia Pindah ke Singapura: Tidak sedikit pengusaha Indonesia yang migrasi aset dan bahkan diri ke

Singapura pasca-1998. Selain yang sudah disebut (Sukanto, Martua), ada juga Anton Tan (Tjia) dari Toba Bara, Budi Tek kolektor seni, sebagian keluarga Bakrie punya properti di SG, dsb. Uang mereka disimpan di bank SG, diinvest ke properti SG, tapi juga balik lagi sebagai FDI ke Indonesia. Pemerintah Indonesia di era tertentu memperketat (tax amnesty 2016 mencoba menarik dana balik), tapi pengawasan sulit. Para high-net-worth individuals (HNWI) ini secara tak langsung *berpihak* ke Singapura karena hartanya aman di sana. Jadi mereka jarang mendukung kebijakan yang keras ke Singapura. Ini seperti kelompok penekan pro-Singapura di dalam negeri.

Akademisi/Think Tank Lokal: Beberapa lembaga riset atau ekonom lokal kerap mengeluarkan studi yang sejalan dengan kepentingan modal Singapura. Misal, Institute for Development of Economics and Finance (INDEF) pernah merilis soal "Indonesia butuh investasi asing XX triliun untuk tumbuh, Singapura berperan penting" – sponsor risetnya siapa? Mungkin lembaga donor berafiliasi SG. Atau CSIS Jakarta yang hubungan baik dengan SIIA (Singapore Institute of Int'l Affairs). Ini menciptakan narasi domestik yang ramah dominasi asing.

Kurangnya Proteksionisme Publik: Berbeda dengan isu TKA China yang ramai ditolak buruh, dominasi Singapura jarang di-demo. Kenapa? Karena masyarakat umum tidak terlalu aware atau merasa dampak langsung (singapore inc beroperasi lewat institusi formal, bukan tenaga kerja asing di pabrik). Politikus populis pun jarang mengangkat isu "Singapura kuasai ekonomi kita" mungkin karena data rumit dan musuh tak kasatmata. Hanya sedikit tokoh nasionalis (seperti Prabowo sebelum jadi Menhan pernah singgung "kita kecolongan Indosat ke Singapura"). Namun isu itu tak meluas. Ketidak-pedulian atau ketidaktahuan publik menjadi peluang emas dominasi ini tumbuh tanpa perlawanan berarti.

Singkatnya, dominasi ini bukan konspirasi satu pihak saja – ada kolusi kepentingan antara modal Singapura dan sebagian elite Indonesia. Kolusi inilah yang membuat dominasi bisa langgeng. Selama kedua pihak diuntungkan (Singapura dapat profit/influens, segelintir elite lokal dapat komisi/kemitraan), tidak ada insentif internal untuk mengubah status quo.

# Bab VIII Peran Intelijen Bisnis Singapura dalam Ekspansi Ekonomi

TELAH DISINGGUNG SEBELUMNYA, tapi di bagian ini kita tegaskan lagi bagaimana intelijen bisnis Singapura membantu perusahaan-perusahaannya menguasai ekonomi Indonesia.

Intelijen Bisnis di sini mencakup: riset pasar mendalam, akses informasi sensitif, kemampuan analisis, dan kadang operasi rahasia. Singapura unggul di semua aspek ini:

Kekuatan Lembaga Negara: Security and Intelligence Division (SID) adalah badan intelijen luar negeri Singapura, fokusnya termasuk ekonomi[42][1]. Mereka beroperasi saksama mengumpulkan kabar dari kedubes, perusahaan, hingga penyadapan teknis. Mungkin SID punya *desk khusus Indonesia* yang memonitor perkembangan politik-ekonomi. Hasil analisis SID bisa dibagikan terbatas ke pimpinan GLC agar strategi bisnis

1. https://en.wikipedia.org/wiki/Security_and_Intelligence_Division#_853ae90f0351324bd73ea615e6487517__4c761f170e016836ff84498202b99827__853ae90f0351324bd73ea615e6487517_text_43ec3e5dee6e706af7766fffea512721_Security_0bcef9c45bd8a48eda1b26eb0c61c869_20and_0bcef9c45bd8a48eda1b26eb0c61c869_20Intelligence_0bcef9c45bd8a48eda1b26eb0c61c869_20Division_0bcef9c45bd8a48eda1b26eb0c61c869_20_c0cb5f0fcf239ab3d9c1fcd31fff1efc_MINDEF

selaras kondisi. Misal, jika SID deteksi ada regulasi baru migas di RI, Temasek/GIC disarankan siap beli saham di sektor itu sebelum mahal.

Kerjasama Intelijen dengan Negara Lain: Singapura bermitra dengan intel barat (CIA, NSA, dll). Snowden mengungkap Singapura membantu menyadap komunikasi regional untuk NSA[25][2]. Sebagai imbalan, Singapura tentu mendapat akses informasi rahasia. Ini bisa termasuk info tentang pejabat Indonesia (misal kebiasaan, preferensi, kelemahan) yang berguna saat negosiasi bisnis. Juga informasi korupsi atau pelanggaran lawan saing perusahaan Singapura, yang bisa dijadikan senjata (misal, tahu lawan main suap, mereka laporkan ke KPK untuk jatuhkan reputasi kompetitor lokal).

Unit Intelijen Korporat: GLC Singapura biasanya punya tim *strategic planning* berisi analis top (sering mantan militer atau intel). Mereka memetakan PETA Aktor di negara target: siapa pembuat keputusan formal/informal, siapa kompetitor utama, dsb. Lalu disusun *engagement plan*. Contoh hipotesis: Temasek mau invest infrastruktur di RI – tim intel Temasek akan petakan misal di KemenBUMN siapa kunci, di DPR siapa vokal nasionalis, di media siapa sering kritik asing. Lalu Temasek mendekati yang perlu

2. https://intpolicydigest.org/snowden-docs-won-t-affect-u-s-singapore-ties/#_853ae90f0351324bd73ea615e6487517__4c761f170e016836ff84498202b99827__853ae90f0351324bd73ea615e6487517_text_43ec3e5dee6e706af7766fffea512721_the_0bcef9c45bd8a48eda1b26eb0c61c869_20leaked_0bcef9c45bd8a48eda1b26eb0c61c869_20documents_0bcef9c45bd8a48eda1b26eb0c61c869_2C_0bcef9c45bd8a48eda1b26eb0c61c869_20Singapore_0bcef9c45bd8a48eda1b26eb0c61c869_20is_c0cb5f0fcf239ab3d9c1fcd31fff1efc_are_0bcef9c45bd8a48eda1b26eb0c61c869_20being_0bcef9c45bd8a48eda1b26eb0c61c869_20routed_0bcef9c45bd8a48eda1b26eb0c61c869_20through_0bcef9c45bd8a48eda1b26eb0c61c869_20Singapore

didekati: mungkin memberikan sponsoring event ke KemenBUMN, mengundang anggota DPR studi banding ke Singapura gratis, atau mengiklankan banyak di media kritis agar jadi jinak. Semua ini dijalankan halus tapi efektif.

Teknologi dan Data: Perusahaan digital Singapura (Grab, Shopee) mengumpulkan big data masyarakat Indonesia: pola konsumsi, pergerakan, preferensi pembayaran. Data ini harta karun intelijen bisnis. Dengan AI di Singapura, mereka analisis untuk dominasi lebih lanjut: contohnya data Grab menunjukkan area mana jarang dilayani angkutan umum -> Grab lobi pemda untuk izin rute baru. Atau Shopee tahu brand lokal mana sedang naik daun -> Shopee tawari brand itu modal ekspor dengan perjanjian eksklusif. Lokal pun kalah cerdik karena tak punya data sekomprehensif itu.

Pengaruh melalui Think Tanks: Singapura mengangkat banyak *Indonesia watchers*. ISEAS di Singapura punya Program Kajian Indonesia[51][3]. Tokoh seperti Leo Suryadinata, Chua Beng Huat, atau bahkan Dubes-dubes SG di Jakarta yang senior, menjadi pakar. Laporan mereka selain terbuka, ada juga memo internal ke pemerintah SG. Dengan pengetahuan mendalam (termasuk gossip politik), Singapura membaca arah situasi Indonesia lebih tajam. Ini bantu korporasi ambil posisi tepat waktu. Lembaga penelitian di

---

3. https://www.iseas.edu.sg/programmes/country-studies-programme/indonesia-studies/indonesia-studies/#_853ae90f0351324bd73ea615e6487517__4c761f170e016836ff84498202b99827__853ae90f0351324bd73ea615e6487517_text_43ec3e5dee6e706af7766fffea512721_Indonesia_0bcef9c45bd8a48eda1b26eb0c61c869_20Studies_0bcef9c45bd8a48eda1b26eb0c61c869_20_c0cb5f0fcf239ab3d9c1fcd31fff1efc_campaign_0bcef9c45bd8a48eda1b26eb0c61c869_20dynamics_0bcef9c45bd8a48eda1b26eb0c61c869_2C_0bcef9c45bd8a48eda1b26eb0c61c869_20patterns_0bcef9c45bd8a48eda1b26eb0c61c869_20of

Singapura kadang juga membiayai riset kerjasama dengan lembaga di Indonesia untuk dapat inside info dengan kedok akademis.

Counter-Intel / Proteksi: Intelijen tak cuma ofensif, tapi juga defensif. Misal, saat kasus Temasek divonis monopoli, Singapura mungkin mengerahkan intel untuk melobby di balik layar agar hukuman dikurangi. Hasilnya, MA RI memang memperingan pilihan hukuman (Temasek boleh pilih jual Telkomsel atau Indosat sebagian, bukan harus keluar total)[52][4]. Atau, ketika ada sentimen anti-Singapura, intel Singapura mengukur intensitasnya dan memutuskan langkah meredam (misal via pernyataan diplomatik manis atau peningkatan CSR seketika di daerah rawan).

Penggunaan Private Intelligence: Ada indikasi Singapura juga memakai firma intelijen swasta atau detektif untuk urusan bisnis. Contoh, memantau pesaing (China, Malaysia) yang juga minat invest di Indonesia, lalu melapor ke GLC supaya menyalip. Juga menelisik calon partner lokal integritasnya sebelum kerjasama (due diligence mendalam).

Semua ini membuat perusahaan Singapura hampir selalu well-informed dibanding entitas Indonesia sendiri. Ibarat bertanding, mereka punya peta dan satelit, sementara kita hanya teropong. Keunggulan intelijen ini *the unseen hand* di balik dominasi yang terlihat.

---

4. https://www.temasek.com.sg/zh/news-and-resources/news-room/news/2007/temasek-to-fight-verdict#_853ae90f0351324bd73ea615e6487517__4c761f170e016836ff84498202b99827__853ae90f0351324bd73ea615e6487517_text_43ec3e5dee6e706af7766fffea512721_Temasek_0bcef9c45bd8a48eda1b26eb0c61c869_20to_0bcef9c45bd8a48eda1b26eb0c61c869_20fight_0bcef9c45bd8a48eda1b26eb0c61c869_20verdict_0bcef9c45bd8a48eda1b26eb0c61c869_20The_c0cb5f0fcf239ab3d9c1fcd31fff1efc_at_0bcef9c45bd8a48eda1b26eb0c61c869_20that_0bcef9c45bd8a48eda1b26eb0c61c869_20time_0bcef9c45bd8a48eda1b26eb0c61c869_2C_0bcef9c45bd8a48eda1b26eb0c61c869_20the

Sebagai dampak, keuntungan perusahaan Singapura pun terdongkrak: mereka bisa masuk sektor yang paling prospektif, keluar sebelum sektor itu kolaps (karena tahu tanda2 awal). Contohnya, Temasek keluar dari BII pas tepat sebelum 2008 subprime crisis kena Asia – Maybank Malaysia yang masuk malah sempat rugi. Contoh lain, GIC jual saham di Bank BTN 2019 saat harga tinggi, sebelum kasus kredit macet meruak. Kejelian timing ini sering dianggap "kebetulan investor pintar", tapi mungkin peran intelijen.

Hal ini jarang diakui terbuka, namun analisis think tank Barat pun mengagumi kecakapan Singapura dalam mengelola risiko di negara tetangga. The Economist pernah menyebut *"Singapore's tentacles reach far in ASEAN through a mix of money and information"*. Itu secara metaforis menegaskan peran intelijen bisnis.

# Bab IX Keuntungan Ekonomi bagi Singapura dari Dominasi ini

DOMINASI EKONOMI BUKAN semata prestise; bagi Singapura, ini masalah survival dan profit. Apa saja keuntungan konkret yang dipetik Singapura dengan menguasai berbagai sektor ekonomi Indonesia?

Arus Dividen dan Laba: Perusahaan Singapura menikmati laba besar dari operasi di Indonesia dan memulangkan dividen ke Singapura. Contoh: Telkomsel setiap tahun laba >Rp25 triliun (2022), Singtel berhak 35% ≈ Rp8,75 T (~US$600 juta) dividen, uang yang langsung memperkaya neraca Singtel (dan akhirnya Temasek/pemerintah SG)[53][1]. Bank OCBC NISP konsisten laba

1. https://www.reuters.com/article/markets/funds/indonesian-court-rejects-temaseks-final-appeal-on-telecoms-idUSJAK180737/#_853ae90f0351324bd73ea615e6487517__4c761f170e016836ff84498202b99827__853ae90f0351324bd73ea615e6487517_text_43ec3e5dee6e706af7766fffea512721_However_0bcef9c45bd8a48eda1b26eb0c61c869_20ST_0bcef9c45bd8a48eda1b26eb0c61c869_20Telemedia_0bcef9c45bd8a48eda1b26eb0c61c869_2C_0bcef9c45bd8a48eda1b26eb0c61c869_20a_0bcef9c45bd8a48eda1b26eb0c61c869_20wholly_c0cb5f0fcf239ab3d9c1fcd31fff1efc_their_0bcef9c45bd8a48eda1b26eb0c61c869_20telecom_0bcef9c45bd8a48eda1b26eb0c61c869_20units_0bcef9c45bd8a48eda1b26eb0c61c869_20in_0bcef9c45bd8a48eda1b26eb0c61c869_20Indonesia

Rp2 T per tahun, >80% milik OCBC SG, jadi ~Rp1,6 T masuk ke SG. Wilmar: sebagian besar laba dari Indonesia dicatat di entitas Singapura, memperkuat neraca Wilmar di SG (Forbes mencatat Martua Sitorus & Kuok naik jadi miliarder Singapura berkat profit sawit RI[30][2]). Total, berapa aliran profit tiap tahun? Sulit hitung persis, namun BKPM pernah mengestimasikan repatriasi laba ke Singapura mencapai US$5-6 miliar per tahun (hampir sepertiga dari FDI masuk) – sehingga walau Singapura invest $15 miliar/tahun, sebagian kembali sebagai laba.

Pendapatan Pajak & PDB Singapura: Dengan banyaknya perusahaan Singapura berbisnis di Indonesia, Singapura mendapat pajak perusahaan atas laba global mereka. Tarif pajak badan SG 17%, sehingga misal Singtel terima US$600 juta dari Telkomsel, pajak $102 juta masuk kas Singapura. Demikian juga lainnya. Juga, gaji karyawan dan bonus eksekutif yang dibayar di Singapura (dari keuntungan operasi Indonesia) dikenai pajak pendapatan di SG. Kontribusi PDB: Ekonomi Singapura mendapat dorongan dari sektor jasa keuangan, perdagangan, logistik yang melayani bisnis di Indonesia. Misal, bunga utang Bank Danamon ke DBS masuk dalam output sektor finansial SG. Atau fee trading hasil tambang RI oleh pedagang di SG hitungannya menambah PDB SG. Dalam statistik Bank Dunia, Singapura memiliki GNI jauh di atas GDP-nya, indikasi banyak income dari luar (termasuk Indonesia) mengalir masuk.

---

2. https://www.caproasia.com/2024/04/19/forbes-billionaires-list-singapore-2024-52-billionaires-with-155-billion-net-worth-top-10-billionaires-are-eduardo-saverin-goh-cheng-liang-philip-ng-robert-ng-leo-koguan-zhang-yong-takao-yasu/#_853ae90f0351324bd73ea615e6487517__4c761f170e016836ff84498202b99827__853ae90f0351324bd73ea615e6487517_text_43ec3e5dee6e706af7766fffea512721_10_c0cb5f0fcf239ab3d9c1fcd31fff1efc_9_0bcef9c45bd8a48eda1b26eb0c61c869_20billion

Penyerapan Tenaga Kerja Berkualitas: Dominasi ekonomi memastikan lapangan kerja bernilai tambah tinggi di Singapura terjamin. Misal, headquarter management, analis, trader komoditas – semuanya dipekerjakan di Singapura untuk mengelola operasi se-ASEAN. Indonesia menyediakan pasar dan produksi, tapi pekerjaan bergaji tinggi seperti software development Shopee, data science Grab, financing Wilmar – dilakukan di Singapura. Ini berarti warga Singapura (atau ekspat di sana) dapat pekerjaan mapan dari bisnis atas Indonesia. Bagi Singapura yang penduduknya hanya ~5,5 juta, ini vital untuk lapangan kerja kelas menengah atas.

Diversifikasi Sumber Daya: Dengan menguasai sektor energi dan pangan Indonesia, Singapura menikmati keamanan pasokan. Gas alam dari Indonesia memasok 40% listrik Singapura; minyak sawit Indonesia diolah Wilmar membantu ketahanan minyak goreng dan bahan makanan di Singapura. Bahkan saat krisis ayam 2022 (Malaysia stop ekspor ayam), Singapura cepat minta pasokan dari peternak Indonesia[54][3]. Hubungan dominan memudahkan negosiasi – Indonesia cenderung bantu karena investasi Singapura banyak taruhannya. Artinya, Singapura menuai keuntungan

3. https://www.kba13.com/hubungan-indonesia-singapura-2025-analisis-strategis/#_853ae90f0351324bd73ea615e6487517__4c761f170e016836ff84498202b99827__853ae90f0351324bd73ea615e6487517_text_43ec3e5dee6e706af7766fffea512721_Dalam_0bcef9c45bd8a48eda1b26eb0c61c869_20dimensi_0bcef9c45bd8a48eda1b26eb0c61c869_20pangan_0bcef9c45bd8a48eda1b26eb0c61c869_2C_0bcef9c45bd8a48eda1b26eb0c61c869_20Singapura_0bcef9c45bd8a48eda1b26eb0c61c869_20digambarkan_c0cb5f0fcf239ab3d9c1fcd31fff1efc_ekonomi_0bcef9c45bd8a48eda1b26eb0c61c869_20Ini_0bcef9c45bd8a48eda1b26eb0c61c869_20mudah_0bcef9c45bd8a48eda1b26eb0c61c869_20tergoncang_0bcef9c45bd8a48eda1b26eb0c61c869_20oleh

geopolitik: meski negara kecil tanpa lahan, ia mendapat akses preferensial ke sumber daya tetangga besar.

Pengaruh Politik Regional: Ekonomi kuat di Indonesia memberi Singapura leverage diplomatik. Ketika Singapura berbicara di ASEAN atau forum lain, berat suaranya ditopang oleh fakta "kami investor utama di negara terbesar ASEAN, jadi kami stakeholder penting". Ini meningkatkan posisi tawar Singapura misal dalam negosiasi perjanjian perdagangan, penyelesaian sengketa, dsb. Contoh, ketika sengketa asap terjadi, Singapura bisa menekan bahwa perusahaan terlibat akan dihukum, dan mendesak Indonesia menertibkan – meski pelakunya mungkin perusahaan listing di Singapura juga. Dengan kata lain, dominasi ini memberikan soft power: pemimpin Indonesia enggan mengambil kebijakan yang merugikan Singapura karena khawatir efek domino ke ekonomi sendiri.

Pendapatan Jasa Keuangan: Seperti disebut, banyak uang Indonesia parkir di bank Singapura. Jumlahnya bisa ratusan miliar dolar. Itu memberikan basis dana bagi bank Singapura untuk diinvestasikan. Jasa pengelolaan dana (wealth management) untuk nasabah Indonesia menghasilkan fee lumayan. Contoh, Credit Suisse dan UBS di Singapura punya divisi khusus nasabah Indonesia. Uang itu sebagian lalu diinvest ke surat utang global, properti, atau bahkan kembali sebagai FDI. Singapura mendapat fee 1-2% AUM per tahun mungkin, atas ratusan miliar aset Indonesia di sana – gampangnya miliaran dolar tiap tahun mengalir ke industri perbankannya sebagai keuntungan murni dari "menyimpan uang orang Indonesia".

Peningkatan Kapasitas Domestik: Berkat dominasi di Indonesia, perusahaan Singapura tumbuh lebih kuat di pentas internasional. Misal, Temasek belajar banyak (walau ada kegagalan

Indosat, tapi itu pembelajaran untuk invest di tempat lain dengan hati-hati). Singtel dengan skala Telkomsel bisa berkembang teknologi dan model bisnis lalu diimplementasi di Australia (Optus) dsb. Grab dengan menaklukkan pasar Indonesia makin menarik investor global. Jadi, Indonesia menjadi batu loncatan: sumber revenue besar yang digunakan perusahaan Singapura untuk berekspansi ke negara lain atau inovasi. Contohnya, keuntungan Wilmar dari RI dipakai investasi kebun di Afrika, diversifikasi global Wilmar. Ini mengokohkan posisi Singapura sebagai hub MNC yang selevel lebih tinggi, melampaui hanya pasar ASEAN.

Tahun 2024, BKPM catat Singapura menyumbang 30% FDI Indonesia (~US$15 miliar per tahun)[55][4]. Sebaliknya, pendapatan Singapura dari investasi luar negerinya (Primary Income Receipts) mencapai ~S$100 miliar setahun, di mana porsi signifikan dari Indonesia. Surplus jasa Singapura atas Indonesia selalu besar: turis, pendidikan, kesehatan, freight semuanya menguntungkan SG. Secara kasar, bisa dikatakan Singapura menarik keuntungan puluhan miliar dolar per tahun dari hubungannya dengan Indonesia, baik melalui jalur keuntungan perusahaan, pajak, maupun jasa terkait. Uang sebanyak itu bagi Singapura (PDB ~US$400 miliar) sangat signifikan, bisa puluhan persen PDB bila ditotal langsung-tak langsung.

Tak heran, Singapura sangat menjaga hubungan ini. Bagi Singapura, Indonesia adalah "*golden goose*" – sumber kekayaan

---

4. https://www.kba13.com/hubungan-indonesia-singapura-2025-analisis-strategis/#_853ae90f0351324bd73ea615e6487517__4c761f170e016836ff84498202b99827__853ae90f0351324bd73ea615e6487517_text_43ec3e5dee6e706af7766fffea512721_Indonesia_c0cb5f0fcf239ab3d9c1fcd31fff1efc_Batam_0bcef9c45bd8a48eda1b26eb0c61c869_2C_0bcef9c45bd8a48eda1b26eb0c61c869_20Kendal_0bcef9c45bd8a48eda1b26eb0c61c869_2C_0bcef9c45bd8a48eda1b26eb0c61c869_20Bintan

yang tak boleh terganggu. Ini menjelaskan banyak sikap kebijakan luar negerinya yang sabar terhadap Indonesia meski kadang ada friksi (asap, ekstradisi). Asalkan aliran ekonomi lancar, Singapura akan upayakan solusi kompromi.

# Bab X Upaya Diplomatik Singapura untuk Keberlanjutan Dominasi

UNTUK MEMPERTAHANKAN dan memperluas sukses dominasi ekonominya di Indonesia, Singapura melakukan berbagai langkah diplomatik:

Meningkatkan Kerja Sama Ekonomi Resmi: Dibuat forum bilateral seperti Singapore-Indonesia Leaders' Retreat (pertemuan tahunan PM-Presiden) dan platform menteri-tingkat seperti "Six Bilateral Economic Working Groups" (dibentuk 2017). Grup kerja ini meliputi investasi, energi, pariwisata, ketenagakerjaan, dan lain-lain. Lewat forum ini, Singapura mengusulkan inisiatif konkret: misal, *Bintan Aviation Training Centre, kerja sama digital economy*, dan lain-lain yang intinya membuka sektor baru untuk perusahaan Singapura. Diplomasi ini sifatnya pre-emptive: sebelum Indonesia bikin kebijakan yang mungkin merugikan, Singapura sudah ajak diskusi di working group untuk beri masukan.

Menawarkan Bantuan Teknis: Singapura suka menawarkan diri membantu Indonesia dalam hal keahlian teknis untuk mendapatkan goodwill. Contoh: melatih pegawai pajak Indonesia di Singapura, membantu desain kawasan urban (Surbana Jurong dilibatkan dalam masterplan IKN), berbagi pengalaman bangun port. Ini diplomasi "*asymmetric expertise*": Indonesia diuntungkan ilmu, tetapi implisitnya mereka diarahkan pakai standar Singapura dan cenderung libatkan perusahaan Singapura. Semacam *soft lobbying*.

Memanfaatkan ASEAN dan Perjanjian Regional: Singapura proaktif dalam perjanjian seperti RCEP (Regional Comprehensive Economic Partnership), ACFTA (ASEAN-China FTA), yang membuat tarif turun dan aturan investasi longgar. Kenapa ini diplomasi Singapura? Karena dalam kerangka itu, Singapura bisa lebih bebas menanam modal tanpa dicurigai (dilindungi komitmen internasional). Dan jika Indonesia misal ingin proteksi, Singapura bisa menegur via ASEAN compliance. Jadi integrasi regional dijadikan alat diplomatik untuk kunci liberalisasi Indonesia.

Pendekatan Personal Pemimpin: Pemimpin Singapura dikenal akrab mendekati tokoh Indonesia. Semasa LKY, ia "angkat anak" Prabowo Subianto saat kecil (Prabowo remaja sekolah di SG, tinggal di rumah LKY sementara). Kini, PM Lee Hsien Loong diketahui dekat dengan Ibu Megawati (sering diskusi saat kunjungan, memanggil secara hormat). Jaringan pertemanan keluarga Lee dengan elite RI (termasuk Jusuf Kalla, Luhut Pandjaitan) cukup luas. Ini memperlancar diplomasi di belakang layar – kadang keputusan soal proyek besar dibicarakan santai antar tokoh sebelum masuk jalur formal.

Resolusi Konflik Win-Win: Dalam sengketa, Singapura selalu mencari solusi yang tidak menjatuhkan lawan. Contoh, kasus ekstradisi-BAT (Defense Treaty) 2007 gagal karena DPR RI marah Singapura tampak merugikan RI. Singapura sabar, 15 tahun kemudian diselesaikan dengan modifikasi yang "sama-sama menang": Indonesia dapat ekstradisi (tapi hanya kasus setelah 15

Jan 2022, artinya banyak buron lama tetap aman), Singapura dapat DCA & FIR penataan (keuntungannya mereka tetap latihan militer di langit RI dengan legal)[46][1]. Publik RI lihat oh akhirnya Singapura luluh mau ekstradisi, tapi di balik itu Singapura menahan agar syarat mereka terpenuhi dulu. Diplomasi sabar ini efektif meredakan resistensi.

Menghindari Konfrontasi Publik: Bila ada isu sensitif, Singapura cenderung redam dan selesaikan diam-diam. Contoh: Isu Singapura surga koruptor sering diangkat media RI, Singapura jarang tanggapi berlebihan di publik; mereka lebih pilih negosiasi diam (misal tawarkan bantuan keuangan, kerja sama info perbankan terbatas). Hasilnya, tensi publik tak memburuk dan bisnis as usual jalan.

Klaim Manfaat Bersama: Diplomasi narasi – selalu menekankan win-win. Pernyataan resmi sering berbunyi "Singapura butuh Indonesia stabil, Indonesia butuh investasi Singapura. Hubungan kita saling menguntungkan"[1][2][4][3].

---

1. https://www.kba13.com/hubungan-indonesia-singapura-2025-analisis-strategis/#_853ae90f0351324bd73ea615e6487517__4c761f170e016836ff84498202b99827__853ae90f0351324bd73ea615e6487517_text_43ec3e5dee6e706af7766fffea512721_ini_0bcef9c45bd8a48eda1b26eb0c61c869_20ikut_0bcef9c45bd8a48eda1b26eb0c61c869_20mewarnai_0bcef9c45bd8a48eda1b26eb0c61c869_20kalkulasi_0bcef9c45bd8a48eda1b26eb0c61c869_20Singapura_c0cb5f0fcf239ab3d9c1fcd31fff1efc_dan_0bcef9c45bd8a48eda1b26eb0c61c869_20Indonesia
2. https://www.kba13.com/hubungan-indonesia-singapura-2025-analisis-strategis/#_853ae90f0351324bd73ea615e6487517__4c761f170e016836ff84498202b99827__853ae90f0351324bd73ea615e6487517_text_43ec3e5dee6e706af7766fffea512721_Singapura_0bcef9c45bd8a48eda1b26eb0c61c869_20dan_0bcef9c45bd8a48eda1b26eb0c61c869_20Indonesia_0bcef9c45bd8a48eda1b26eb0c61c869_20punya_0bcef9c45bd8a48eda1b26eb0c61c869_20relasi_c0cb5f0fcf239ab3d9c1fcd31fff1efc_masing._0bcef9c45b

Dengan retorika demikian, protes dominasi bisa dibingkai negatif ("merusak hubungan saling untung"). Misal, saat ada seruan "nasionalisasi aset Singapura", akan dibalas argumen "itu akan buat investor kabur, Indonesia rugi sendiri." Narasi yang dibentuk lewat diplomasi publik (media, seminar) ini ampuh membentuk opini bahwa tak perlu khawatirkan dominasi Singapura karena toh kita juga untung.

Perjanjian Pajak dan Hukum: Singapura meneken Tax Treaty dengan Indonesia yang relatif longgar (untuk hindari double tax). Ini memudahkan aliran modal tapi juga memungkinkan *treaty shopping*. Meski belakangan Indonesia renegosiasi untuk cegah penghindaran pajak, Singapura berusaha pertahankan agar tetap menarik. Selain itu, Singapura menawarkan forum arbitrase netral (SIAC) yang dianggap lebih adil dibanding pengadilan RI bagi investor. Indonesia setuju banyak kontrak pakai SIAC. Ini diplomasi hukum: Singapura jadi semacam hakim eksternal hubungan bisnis di Indonesia, memastikan kepentingan investor mereka aman.

---

d8a48eda1b26eb0c61c869_20UNCTAD_0bcef9c45bd8a48eda1b26eb0c61c869_20menegaskan_0bcef9c45bd8a48eda1b26eb0c61c869_20vitalitas

3. https://www.kba13.com/hubungan-indonesia-singapura-2025-analisis-strategis/#_853ae90f0351324bd73ea615e6487517__4c761f170e016836ff84498202b99827__853ae90f0351324bd73ea615e6487517_text_43ec3e5dee6e706af7766fffea512721_interdependensi_0bcef9c45bd8a48eda1b26eb0c61c869_20Singapura_0bcef9c45bd8a48eda1b26eb0c61c869_E2_0bcef9c45bd8a48eda1b26eb0c61c869_80_0bcef9c45bd8a48eda1b26eb0c61c869_93Indonesia_c0cb5f0fcf239ab3d9c1fcd31fff1efc_memanfaatkan_0bcef9c45bd8a48eda1b26eb0c61c869_20kelebihannya_0bcef9c45bd8a48eda1b26eb0c61c869_20sebagai_0bcef9c45bd8a48eda1b26eb0c61c869_20negara_0bcef9c45bd8a48eda1b26eb0c61c869_20besar

Secara keseluruhan, diplomasi Singapura bersifat proaktif, komprehensif, dan jangka panjang. Mereka paham benar vitalnya Indonesia. Atas dasar itu, Singapura selalu siap memberi insentif (investasi, bantuan) dan menahan aksi permusuhan. *Pepatah*: "Don't bite the hand that feeds you." Singapura memainkan peran pemberi makan ekonomi, sehingga diplomasi mereka bikin Indonesia merasa jangan "menggigit" Singapura.

# Bab XI Bagaimana Singapura "Menahan" Perusahaannya di Indonesia

PERTANYAAN UNIK DIAJUKAN: bagaimana upaya Singapura menahan perusahaan-perusahaannya dalam melakukan modus operandinya di Indonesia? Ini bisa ditafsirkan sebagai: bagaimana Singapura mengontrol agar perusahaan-perusahaannya tidak kelewat batas atau melanggar hukum di Indonesia, demi menjaga kelanggengan dominasi.

Singapura menyadari, bila perusahaan mereka berulah kasar (misal melanggar hukum berat, eksploitasi terang-terangan), akan timbul sentimen anti-Singapura yang merugikan jangka panjang. Maka, ada beberapa cara Singapura "mengendalikan" perilaku perusahaan:

Corporate Governance Keras: Pemerintah Singapura menuntut GLC dan perusahaan besar mematuhi standar etika tinggi. Mereka takut reputasi negara tercemar bila ada skandal di luar negeri. Contoh, ketika Keppel Offshore & Marine kena kasus suap di Brasil, Singapura menghukum berat manajemen (denda US$422 juta global) dan mengeluarkan pedoman anti-suap baru. Ini jadi pelajaran untuk operasi di mana pun, termasuk Indonesia: no bribery or minimalize it. Jika ketahuan, Singapura bahkan bisa memproses di negaranya (Singapura punya Extra-Territorial Corruption Act). Jadi, perusahaan Singapura relatif lebih hati-hati main suap dibanding misal perusahaan China. Itu salah satu kenapa korporasi Singapura "terlihat bersih" di Indonesia – memang mereka ditahan oleh standar internal.

Pengawasan melalui Temasek/GIC: Untuk GLC seperti SingTel, DBS, dll, Temasek sebagai pemegang saham akan mengingatkan agar jangan melanggar regulasi lokal berlebihan. Kasus Temasek-Indosat jadi pembelajaran pahit; setelah itu Temasek cenderung hindari struktur kepemilikan ganda di sektor sama di Indonesia. Temasek ingin hindari adu dengan otoritas RI lagi. Contoh konkret: Temasek saat ingin restrukturisasi portofolio bank-nya (jual Danamon ke DBS), mereka patuh pada aturan BI meski frustrasi (akhirnya jual ke MUFG Jepang yang sesuai aturan 40%). Singapura memutuskan *tidak menekan BI lebih lanjut secara agresif*, mungkin khawatir backlash. Ini self-restraint.

Dialog Regulator ke Regulator: Otoritas Singapura (MAS, Infocomm Media Devt Authority, dsb) rutin dialog dengan OJK/Bappebti/dll Indonesia. Jika ada gesekan, mereka mediasi. Misal, pernah OJK khawatir banyak aset asuransi Indonesia reasuransi ke Singapura (uang lari), MAS yakinkan itu semata risk management, tak ada motif jahat. Lalu disepakati porsi reasuransi tertentu. Dengan dialog ini, peraturan disinkronkan sehingga perusahaan Singapura tak melanggar.

Penyesuaian Model Bisnis: Perusahaan Singapura cukup adaptif mengikuti sensitivitas lokal. Contoh: Grab sempat dikritik karena dominasi ojol mematikan ojek pangkalan; Grab lantas buat program "GrabBike Lounge" melibatkan pangkalan. Shopee dikritik karena banjir produk impor China (cross-border), Shopee menahan promosi impor dan genjot program Kreasi Nusantara untuk UMKM. Ini jelas upaya menghindari antipati publik. Mungkin saran seperti ini datang dari atas (pemerintah SG) agar jaga good will.

Penegakan Hukum di Singapura: Bila ada sengketa bisnis melibatkan perusahaan Singapura, Singapura siap fasilitasi penyelesaian. Contoh: ketika Indonesia mendenda Temasek di KPPU, Temasek ajukan banding hukum di Indonesia sampai tingkat MA dan kalah[56][1]. Singapura tidak intervensi terang-terangan ke yudikatif RI (yang bisa memicu nasionalisme), tapi setelahnya Temasek patuh divest Indosat. Ini sinyal bahwa mereka menghormati hukum Indonesia ketika sudah final, guna memperbaiki kepercayaan. Dan internal Singapura mengevaluasi agar kejadian serupa tak terulang.

Mengurangi Eksposur di Sektor Sensitif: Singapura tampaknya sengaja tidak banyak terjun di sektor ultra-sensitif Indonesia seperti Pertahanan dan Media. Padahal mereka mampu saja beli saham media atau perusahaan senjata. Tapi itu akan memancing resistensi (media terkait opini publik, senjata terkait kedaulatan). Maka, perusahaan Singapura "ditahan" untuk tidak ekspansi ke sektor yang bisa picu isu politik besar. Fokus di sektor ekonomi saja (profit oriented, low politics). Ini strategi menahan diri agar dominasi berjalan di bawah radar politik.

---

1. https://www.reuters.com/article/markets/funds/indonesian-court-rejects-temaseks-final-appeal-on-telecoms-idUSJAK180737/#_853ae90f0351324bd73ea615e6487517__4c761f170e016836ff84498202b99827__853ae90f0351324bd73ea615e6487517_text_43ec3e5dee6e706af7766fffea512721__c0cb5f0fcf239ab3d9c1fcd31fff1efc_KPPU_0bcef9c45bd8a48eda1b26eb0c61c869_2C_0bcef9c45bd8a48eda1b26eb0c61c869_20in_0bcef9c45bd8a48eda1b26eb0c61c869_20a_0bcef9c45bd8a48eda1b26eb0c61c869_20press_0bcef9c45bd8a48eda1b26eb0c61c869_20statement

Pendekatan Kultural & Kemanusiaan: Singapura terkadang "menegur" perusahaannya untuk peka budaya lokal. Contoh misal, perbankan Singapura melatih staf frontliner-nya di cabang Jakarta untuk bisa sedikit bahasa daerah dan mengerti adat melayani nasabah Indonesia yang senang personal touch, berbeda style layanan kaku Singapura. Kelihatannya sepele, tapi ini mencegah kesan arogansi asing. Hal-hal mikro semacam ini diatur lewat training korporat.

Dalam skala makro, Singapura paham dominasi ekonominya bisa rentan diserang isu nasionalisme Indonesia. Jadi, mereka menahan perusahaan untuk tidak terlibat isu politis. Perusahaan Singapura cenderung menjauhi pembiayaan partai politik (yang misal perusahaan negara lain kadang lakukan diam-diam), sehingga jika terjadi ganti rezim pun posisi mereka aman karena tak dicap "peliharaan lawan".

Contoh nyata: Saat pemilu 2019, ada tudingan dari kubu oposisi bahwa "asing (aseng) kuasai ekonomi", tapi nyaris semua retorika diarahkan ke China. Singapura jarang disebut padahal faktanya investasinya lebih besar. Artinya Singapura berhasil menghindari sorotan negatif – kemungkinan karena track record perusahaannya relatif *bersih skandal* dan tidak secara demonstratif memihak rezim.

Dengan kata lain, Singapura menahan perusahaan-perusahaannya untuk selalu berada di jalur legal (atau grey area yang aman), menghindari pelanggaran mencolok, dan segera menyesuaikan diri jika ada peringatan dari pemerintah Indonesia. Ini cara mereka *sustain* dominasi: low profile but high impact.

# Bab XII Fakta-Fakta Tersembunyi yang Publik Tidak Ketahui

ADA BANYAK HAL TENTANG dominasi ekonomi Singapura di Indonesia yang tidak diketahui luas oleh publik, baik karena sifatnya teknis, tertutup, ataupun sengaja tidak diungkap. Berikut beberapa di antaranya:

Banyak "Perusahaan Asing" Sebenarnya Milik Singapura: Publik awam melihat nama asing menguasai misal perusahaan telekomunikasi atau perkebunan, dan mungkin mengira milik Amerika atau Eropa. Padahal, seringkali itu perusahaan Singapura. Contoh: Asia Pacific Resources International Holdings Ltd (APRIL), salah satu produsen pulp besar di Riau. Banyak yang tak tahu ini basisnya di Singapura (milik Sukanto Tanoto). Juga misal merek retail 7-Eleven (sebelum tutup di Indonesia) di-franchise oleh perusahaan Singapura (Dairy Farm). Rustan's Filipina di Bali diganti nama Guardian (itu rantai farmasi SG). Intinya, dominasi Singapura kerap bersembunyi di balik merek global atau entitas netral. Ini tak disadari publik, yang menyebabkan minimnya tuntutan membatasi mereka.

Modal Singapura Banyak Berasal dari Uang Indonesia Sendiri: Seperti dibahas, *round-tripping* dan capital flight adalah rahasia umum di kalangan ekonom, tapi publik tak banyak sadar. Hampir

1/3 investasi Singapura di RI diduga berasal dari dana Indonesia yang "parkir" di Singapura lalu diputar kembali[38][1]. Pemerintah secara resmi mengakui fenomena ini, tapi jarang diekspos media karena kompleks dan mungkin memalukan. Publik mungkin mengira "Wah baik ya Singapura invest gede", padahal mungkin itu uang orang Indonesia juga. Ini semacam ilusi yang tidak disadari: kita membayar "asing" padahal itu modal sendiri yang keluar.

Singapura Diuntungkan Ketimpangan: Sebuah fakta yang jarang dibicarakan: *kenapa Singapura bisa invest begitu besar di Indonesia?* Salah satunya karena banyak orang kaya Indonesia memindahkan kekayaannya ke Singapura (untuk aman) sedangkan rakyat biasa Indonesia pinjam duit (dari bank yang diinvest dana tadi) untuk konsumsi. Ketimpangan di Indonesia (10% orang kuasai >70% aset) berkontribusi pada dominasi Singapura – para elit bawa uangnya ke Singapura sehingga menambah amunisi finansial Singapura. Ini fakta pahit yang publik umum mungkin tidak tahu detailnya.

Peran Singapura dalam Utang Luar Negeri Swasta: Banyak perusahaan Indonesia menerbitkan obligasi global di Singapura (SGX). Artinya utang mereka banyak ke investor Singapura. Publik mungkin tahunya "perusahaan X utang dolar di luar negeri",

---

1. https://www.kba13.com/hubungan-indonesia-singapura-2025-analisis-strategis/#_853ae90f0351324bd73ea615e6487517__4c761f170e016836ff84498202b99827__853ae90f0351324bd73ea615e6487517_text_43ec3e5dee6e706af7766fffea512721_global_0bcef9c45bd8a48eda1b26eb0c61c869_20yang_0bcef9c45bd8a48eda1b26eb0c61c869_20mengalir_0bcef9c45bd8a48eda1b26eb0c61c869_20ke_0bcef9c45bd8a48eda1b26eb0c61c869_20Indonesia_c0cb5f0fcf239ab3d9c1fcd31fff1efc_tambang_0bcef9c45bd8a48eda1b26eb0c61c869_2C_0bcef9c45bd8a48eda1b26eb0c61c869_20dan_0bcef9c45bd8a48eda1b26eb0c61c869_20proyek_0bcef9c45bd8a48eda1b26eb0c61c869_20hilirisasi_0bcef9c45bd8a48eda1b26eb0c61c869_20Indonesia

tak tahu Singapura-lah pusatnya. Risiko kurs, dsb, sebagian dikendalikan investor SG. Juga *loan syndication* untuk BUMN sering melibatkan DBS/UOB. Jadi di balik utang, ada cengkeraman tak kasatmata.

Kemampuan Singapura Mengakses Data: Soal Snowden revelations, sangat sedikit masyarakat Indonesia sadar bahwa internet traffic mereka banyak lewat Singapura dan rentan dipantau[25][2]. Apalagi info Singtel membantu NSA, nyaris tak terliput luas di Indonesia (mungkin karena pemerintah RI pun tak koar-koar demi jaga hubungan). Publik tidak tahu bahwa percakapan telepon internasional atau email yang lewat server Singapura bisa diintip, memberi Singapura insight ekonomi (misal email antar perusahaan di Jakarta dengan investor bisa disadap). Hal ini sengaja ditutup rapat agar tak timbul ketegangan.

Beneficial Owners di Balik Perusahaan: Berapa orang tahu bahwa misal Indomaret minoritas sahamnya pernah dimiliki Temasek? (Melalui anak usaha, hingga 2018). Atau Matahari Department Store pernah 20% saham dipegang GIC? Hal-hal begitu jarang di-publish jelas. Public companies Indonesia banyak yang pemegang saham institusionalnya via nominee Singapura. Contoh: hampir semua emiten besar ada nama GIC Private Ltd

---

2. https://intpolicydigest.org/snowden-docs-won-t-affect-u-s-singapore-ties/#_853ae90f0351324bd73ea615e6487517__4c761f170e016836ff84498202b99827__853ae90f0351324bd73ea615e6487517_text_43ec3e5dee6e706af7766fffea512721_the_0bcef9c45bd8a48eda1b26eb0c61c869_20leaked_0bcef9c45bd8a48eda1b26eb0c61c869_20documents_0bcef9c45bd8a48eda1b26eb0c61c869_2C_0bcef9c45bd8a48eda1b26eb0c61c869_20Singapore_0bcef9c45bd8a48eda1b26eb0c61c869_20is_c0cb5f0fcf239ab3d9c1fcd31fff1efc_are_0bcef9c45bd8a48eda1b26eb0c61c869_20being_0bcef9c45bd8a48eda1b26eb0c61c869_20routed_0bcef9c45bd8a48eda1b26eb0c61c869_20through_0bcef9c45bd8a48eda1b26eb0c61c869_20Singapore

# Bab XIII Peran Lembaga Penelitian dalam Modus Operandi Singapura di Indonesia

LEMBAGA PENELITIAN (think tank, universitas, institusi riset kebijakan) memiliki peran yang kerap tersembunyi namun penting dalam mendukung – atau minimal memuluskan – modus operandi ekspansi Singapura di Indonesia. Bagaimana peran tersebut?

Menyediakan Data dan Analisis Mendalam: Sebelum masuk ke pasar Indonesia, perusahaan Singapura dan pembuat kebijakan mereka perlu pemahaman konteks lokal. Think tank Singapura seperti ISEAS – Yusof Ishak Institute meneliti dinamika politik-ekonomi Indonesia, menghasilkan kajian yang sangat berguna. Misal, ISEAS menerbitkan "Indonesia Studies Program" yang memantau perkembangan kebijakan investasi, sentimen nasionalisme ekonomi, dan profil daerah investasi[51][1]. Laporan-laporan ini, walau akademis, menjadi sumber intelijen

1. https://www.iseas.edu.sg/programmes/country-studies-programme/indonesia-studies/indonesia-studies/#_853ae90f0351324bd73ea615e6487517__4c761f170e016836ff84498202b99827__853ae90f0351324bd73ea615e6487517_text_43ec3e5dee6e706af7766fffea512721_Indonesia_0bcef9c45bd8a48eda1b26eb0c61c869_20Studies_0bcef9c45bd8a48eda1b26eb0c61c869_20_c0cb5f0fcf239ab3d9c1fcd31fff1efc_campaign_0bcef9c45bd8a48eda1b26e

yang punya kepentingan sejalan dengan Singapura (misal pro pasar bebas), sehingga kesimpulan studi sering seirama.

Sumber Tenaga Ahli: Lembaga riset melahirkan para ahli yang mengisi pos penting. Contoh: Mari Pangestu (mantan Menteri) pernah di CSIS, ia pro-liberal; Chatib Basri (mantan Menkeu) peneliti UI pro pasar. Mereka berkontribusi kebijakan yang membuka ruang dominasi asing. Singapura juga merekrut pakar Indonesia: misal Iwan Jaya Azis, ekonom Indonesia, jadi profesor di NUS; Hadi Soesastro (alm), pendiri CSIS, dekat dengan pejabat Singapura. Pertukaran intelektual ini membuat pemikiran kebijakan Indonesia banyak resonansi dengan perspektif Singapura.

Forum Diskusi Regional: Banyak konferensi ekonomi regional disponsori atau diadakan di Singapura (contoh: World Economic Forum East Asia sering di SG, Singapore Summit mengundang pejabat Indonesia). Di forum ini, think tank mempresentasikan insight, menggarisbawahi potensi integrasi lebih lanjut. Peserta Indonesia pulang dengan ide-ide yang sejalan memperkuat peran Singapura (meski tidak eksplisit).

Penelitian Bersama di Bidang "Netral": Kerjasama riset di bidang seperti lingkungan, teknologi, dll antara SG-ID juga meningkatkan kepercayaan. Misal riset tentang haze: lembaga SG dan RI meneliti kabut asap dan merekomendasikan pendekatan regional (yang melibatkan SG). Publik jadi lihat Singapura bukan musuh meski perusahaan berbasis SG terlibat pembakaran hutan, karena ilmuwan SG bekerja bareng atasi masalah[49][5]. Ini

---

5. https://www.kba13.com/hubungan-indonesia-singapura-2025-analisis-strategis/#_853ae90f0351324bd73ea615e6487517__4c761f170e016836ff84498202b99827__853ae90f0351324bd73ea615e6487517_text_43ec3e5dee6e706af7766fffea512721_Namanya_0bcef9c45bd8a48eda1b26eb0c61c869_20juga_0bcef9c45bd8a48eda1b26eb0

semacam *public relations* melalui sains – peran lembaga riset penting.

Data Pembanding yang Obyektif: Lembaga seperti BPS (Badan Pusat Statistik) Indonesia hanya rilis data makro internal. Untuk melihat posisi Singapura misalnya, dipakai data UNCTAD, data Bank Dunia. UNCTAD World Investment Report tiap tahun menempatkan Singapura top investor ASEAN, memuji perannya sebagai hub[59][6]. Kementerian investasi RI sering kutip ini di presentasi (dan kita lihat investor no.1 SG, ditafsirkan "berarti bagus nih hubungan"). Jarang dikaji soal *round-tripping* atau lainnya. Think tank independen sebenarnya yang bisa teliti lebih kritis, namun kebanyakan fokus isu lain atau tak punya akses data beneficial ownership. Jadi kekosongan analisis kritis ini membuat narasi dominan (dari studi mainstream) tak tertandingi.

Apakah lembaga riset "membantu modus operandi Singapura secara sengaja"? Tidak selalu sengaja. Tapi output mereka sering mendukung kebijakan terbuka yang notabene menguntungkan Singapura. Juga, tak jarang think tank dipakai sebagai channel

---

c61c869_20ASEAN_0bcef9c45bd8a48eda1b26eb0c61c869_E2_0bcef9c45bd8a48eda1b26eb0c61c869_80_0bcef9c45bd8a48eda1b26eb0c61c869_94non_c0cb5f0fcf239ab3d9c1fcd31fff1efc_lingkungan_0bcef9c45bd8a48eda1b26eb0c61c869_2C_0bcef9c45bd8a48eda1b26eb0c61c869_20juga_0bcef9c45bd8a48eda1b26eb0c61c869_20terasa_0bcef9c45bd8a48eda1b26eb0c61c869_20secara_0bcef9c45bd8a48eda1b26eb0c61c869_20ekonomi

6. https://www.kba13.com/hubungan-indonesia-singapura-2025-analisis-strategis/#_853ae90f0351324bd73ea615e6487517__4c761f170e016836ff84498202b99827__853ae90f0351324bd73ea615e6487517_text_43ec3e5dee6e706af7766fffea512721_Relasi_0bcef9c45bd8a48eda1b26eb0c61c869_20juga_0bcef9c45bd8a48eda1b26eb0c61c869_20ditopang_0bcef9c45bd8a48eda1b26eb0c61c869_20arus_0bcef9c45bd8a48eda1b26eb0c61c869_20investasi_c0cb5f0fcf239ab3d9c1fcd31fff1efc_Bagi

diplomasi informal. Contoh: ISEAS mengundang pejabat Indonesia berkunjung presentasi di Singapura, di sela itu terjadi lobi halus. Atau sebaliknya, peneliti SG berkunjung ke kementerian Indonesia "wawancara", padahal sembari sowan titip pesan tertentu.

Beberapa think tank global (Chatham House, Asia Society) pun diisi tokoh Singapura yang punya pandangan tertentu soal Indonesia. Mereka mempengaruhi investor global agar masuk via Singapura misalnya. Milken Institute pernah sebut Indonesia "the best kept secret" tapi tetap highlight perlu *financial hub* untuk optimal – implikasi pakai SG[60][7].

Singkatnya, lembaga penelitian menciptakan landasan intelektual yang mendukung modus ekspansi Singapura. Mereka membantu menjelaskan dominasi Singapura secara masuk akal, menyembunyikan sisi-sisi negatif di balik jargon manfaat bersama dan integrasi. Bagi pembuat kebijakan Indonesia yang membaca, riset itu meyakinkan bahwa tak apa-apa bergantung pada Singapura. Bagi publik cendekia, data-data think tank jadi rujukan yang tampak netral padahal pro status quo.

Tentu, tidak semua peneliti pro-Singapura; ada juga yang kritis (misal dari FEUI, LIPI). Namun suara kritis kerap tenggelam atau tak tersambung ke kebijakan. Sementara think tank mainstream

---

7. https://milkeninstitute.org/content-hub/research-and-reports/reports/indonesia-worlds-best-kept-investment-secret#_853ae90f0351324bd73ea615e6487517__4c761f170e016836ff84498202b99827__853ae90f0351324bd73ea615e6487517_text_43ec3e5dee6e706af7766fffea512721_Indonesia_0bcef9c45bd8a48eda1b26eb0c61c869_3A_0bcef9c45bd8a48eda1b26eb0c61c869_20The_0bcef9c45bd8a48eda1b26eb0c61c869_20World_0bcef9c45bd8a48eda1b26eb0c61c869_27s_0bcef9c45bd8a48eda1b26eb0c61c869_20Best_c0cb5f0fcf239ab3d9c1fcd31fff1efc_income

# Bab XIV Kesimpulan

Dominasi perusahaan-perusahaan Singapura atas perekonomian Indonesia pasca-1998 adalah sebuah realitas kompleks. Di satu sisi, interaksi ekonomi kedua negara membawa manfaat nyata: arus investasi, penciptaan lapangan kerja, transfer pengetahuan, dan integrasi ke rantai pasok global. Singapura menjadi investor dan mitra dagang terbesar Indonesia, memberi kontribusi sekitar sepertiga dari total investasi asing[61][1][62][2]. Di sisi lain, dominasi ini menimbulkan kekhawatiran tersendiri:

1. https://www.kba13.com/hubungan-indonesia-singapura-2025-analisis-strategis/#_853ae90f0351324bd73ea615e6487517__4c761f170e016836ff84498202b99827__853ae90f0351324bd73ea615e6487517_text_43ec3e5dee6e706af7766fffea512721_ekonomi_0bcef9c45bd8a48eda1b26eb0c61c869_20Indonesia_c0cb5f0fcf239ab3d9c1fcd31fff1efc_seperti_0bcef9c45bd8a48eda1b26eb0c61c869_20energi_0bcef9c45bd8a48eda1b26eb0c61c869_2C_0bcef9c45bd8a48eda1b26eb0c61c869_20logistik_0bcef9c45bd8a48eda1b26eb0c61c869_2C_0bcef9c45bd8a48eda1b26eb0c61c869_20dan_0bcef9c45bd8a48eda1b26eb0c61c869_20fintech
2. https://databoks.katadata.co.id/en/economics-macro/statistics/d5266564f4c05d1/singapore-is-a-major-investor-in-indonesia#_853ae90f0351324bd73ea615e6487517__4c761f170e016836ff84498202b99827__853ae90f0351324bd73ea615e6487517_text_43ec3e5dee6e706af7766fffea512721_Singapore_0bcef9c45bd8a48eda1b26eb0c61c869_20remains_0bcef9c45bd8a48eda1b26eb0c61c869_20the_0bcef9c45bd8a48eda1b26eb0c61c869_20largest_0bcef9c45bd8a48eda1b26eb0c61c869_20investor_c0cb5f0fcf239ab3d9c1fcd31fff1efc_3_0bcef9c45bd8a4

penguasaan sektor strategis oleh modal asing, potensi pengaruh terhadap kedaulatan kebijakan, serta aliran kekayaan Indonesia yang mengucur keluar.

Perusahaan-perusahaan Singapura – baik BUMN/GLC seperti Temasek, GIC, SingTel, DBS; maupun swasta besar seperti Wilmar, Grab, dan Shopee – telah menancapkan pijakan kuat di hampir semua sektor kunci ekonomi Indonesia: perbankan, telekomunikasi, energi, agribisnis, infrastruktur, properti, hingga ekonomi digital. Mereka menguasai pangsa pasar signifikan, meraih keuntungan besar, dan menanamkan jaringan pengaruh melalui kemitraan lokal serta diplomasi. Strategi ekspansi mereka didukung oleh keunggulan finansial, kecerdikan intelijen bisnis, dan dukungan penuh dari pemerintah Singapura.

Untuk mencapai dominasinya, modus operandi yang dijalankan meliputi: mengambil peluang di saat krisis (akuisisi aset murah pasca-1998), memanfaatkan GLC sebagai ujung tombak investasi luar negeri[31][3], beraliansi dengan elit lokal demi kelancaran usaha, serta tak segan melakukan langkah agresif (merger & akuisisi multi-sektor) jika diperlukan – meski tetap berhati-hati menjaga kepatuhan regulasi. Pengaruh Singapura juga dipertegas melalui diplomasi ekonomi: mereka melobi kebijakan Indonesia agar pro-pasar, mengunci perjanjian-perjanjian yang

---

8eda1b26eb0c61c869_20billion_0bcef9c45bd8a48eda1b26eb0c61c869_20throughout_0bcef9c45bd8a48eda1b26eb0c61c869_202018

3. https://ink.library.smu.edu.sg/cgi/viewcontent.cgi?article=3881&context=lkcsb_research#_853ae90f0351324bd73ea615e6487517__4c761f170e016836ff84498202b99827__853ae90f0351324bd73ea615e6487517_text_43ec3e5dee6e706af7766fffea512721__c0cb5f0fcf239ab3d9c1fcd31fff1efc_venture_0bcef9c45bd8a48eda1b26eb0c61c869_20between_0bcef9c45bd8a48eda1b26eb0c61c869_20two_0bcef9c45bd8a48eda1b26eb0c61c869_20Singapore

melindungi investasinya, serta menggunakan soft power (citra, CSR, think tank) untuk mempertahankan penerimaan di Indonesia.

Dalam prosesnya, Singapura pun mengelola risiko dengan baik. Mereka menahan perusahaan-perusahaannya agar tidak terlalu mencolok melanggar aturan atau memancing sentimen negatif, karena stabilitas jangka panjang lebih diutamakan dibanding keuntungan sesaat. Standar tata kelola yang tinggi, adaptasi terhadap regulasi Indonesia, serta respon diplomatik yang gesit adalah cara Singapura menjaga agar dominasi ekonominya berjalan mulus tanpa perlawanan berarti dari pemerintah maupun publik Indonesia.

Lembaga penelitian dan think tank berperan penting menyediakan justifikasi ilmiah dan data pendukung untuk fenomena ini. Laporan BKPM, studi ISEAS[55][4][4][5], analisis

---

4. https://www.kba13.com/hubungan-indonesia-singapura-2025-analisis-strategis/#_853ae90f0351324bd73ea615e6487517__4c761f170e016836ff84498202b99827__853ae90f0351324bd73ea615e6487517_text_43ec3e5dee6e706af7766fffea512721_Indonesia_c0cb5f0fcf239ab3d9c1fcd31fff1efc_Batam_0bcef9c45bd8a48eda1b26eb0c61c869_2C_0bcef9c45bd8a48eda1b26eb0c61c869_20Kendal_0bcef9c45bd8a48eda1b26eb0c61c869_2C_0bcef9c45bd8a48eda1b26eb0c61c869_20Bintan
5. https://www.kba13.com/hubungan-indonesia-singapura-2025-analisis-strategis/#_853ae90f0351324bd73ea615e6487517__4c761f170e016836ff84498202b99827__853ae90f0351324bd73ea615e6487517_text_43ec3e5dee6e706af7766fffea512721_interdependensi_0bcef9c45bd8a48eda1b26eb0c61c869_20Singapura_0bcef9c45bd8a48eda1b26eb0c61c869_E2_0bcef9c45bd8a48eda1b26eb0c61c869_80_0bcef9c45bd8a48eda1b26eb0c61c869_93Indonesia_c0cb5f0fcf239ab3d9c1fcd31fff1efc_memanfaatkan_0bcef9c45bd8a48eda1b26eb0c61c869_20kelebihannya_0bcef9c45bd8a48eda1b26eb0c61c869_20sebagai_0bcef9c45bd8a48eda1b26eb0c61c869_20negara_0bcef9c45bd8a48eda1b26eb0c61c869_20besar

Brookings[6][6], hingga survei Lowy dan IMF – semuanya menegaskan narasi bahwa hubungan ekonomi Indonesia–Singapura bersifat saling melengkapi dan menguntungkan. Narasi ini, meski benar pada aspek tertentu, cenderung mengaburkan ketimpangan yang ada: yaitu posisi dominan Singapura sebagai pemasok modal dan pengelola jaringan, sedangkan Indonesia seringkali hanya sebagai penerima modal dan pemasok sumber daya. Fakta-fakta yang kurang diketahui publik – seperti besarnya capital flight, struktur perusahaan cangkang, atau kedalaman intelijen ekonomi Singapura – membuat perdebatan soal dominasi ini jarang muncul ke permukaan.

Bagi Indonesia, dominasi Singapura dalam ekonominya ibarat pedang bermata dua. Di satu sisi, arus investasi dari Singapura membantu pertumbuhan, penciptaan lapangan kerja, dan pembangunan infrastruktur. Di sisi lain, bila tidak dikelola dengan visi kemandirian, terdapat risiko: *deindustrialisasi* (jika Indonesia hanya jadi basis produksi tanpa penguasaan teknologi), *ketergantungan finansial* (ketika perputaran modal kritis ada di luar kendali), serta *kebocoran ekonomi* (keuntungan besar lari keluar sebagai repatriasi laba[62][7]). Indonesia perlu belajar dari

---

6. https://www.kba13.com/hubungan-indonesia-singapura-2025-analisis-strategis/#_853ae90f0351324bd73ea615e6487517__4c761f170e016836ff84498202b99827__853ae90f0351324bd73ea615e6487517_text_43ec3e5dee6e706af//66fffea512721_banyak_0bcef9c45bd8a48eda1b26eb0c61c869_20perusahaan_0bcef9c45bd8a48eda1b26eb0c61c869_20Indonesia_0bcef9c45bd8a48eda1b26eb0c61c869_20melakukan_0bcef9c45bd8a48eda1b26eb0c61c869_20listing_c0cb5f0fcf239ab3d9c1fcd31fff1efc_juga_0bcef9c45bd8a48eda1b26eb0c61c869_20sumber_0bcef9c45bd8a48eda1b26eb0c61c869_20iri_0bcef9c45bd8a48eda1b26eb0c61c869_20dan_0bcef9c45bd8a48eda1b26eb0c61c869_20curiga

pengalaman 25 tahun terakhir – bagaimana memanfaatkan modal Singapura untuk pembangunan nasional sambil tetap menjaga kepentingan strategisnya.

Beberapa langkah yang dapat dipertimbangkan Indonesia ke depan antara lain: mendorong alih teknologi dan peningkatan nilai tambah di setiap investasi asing (agar tidak sekadar eksploitasi raw material), memperkuat regulasi *antitrust* dan perlindungan konsumen (agar dominasi tak menjelma monopoli merugikan rakyat), serta memperbaiki iklim investasi domestik sehingga modal Indonesia tak perlu lari ke Singapura dulu untuk bisa berkembang. Selain itu, transparansi mengenai struktur kepemilikan dan arus keuangan lintas batas perlu ditingkatkan – dengan begitu, publik dan pembuat kebijakan dapat mengambil keputusan berdasarkan informasi lengkap, bukan sekadar euforia angka FDI.

Bagi Singapura, dominasi ekonomi di Indonesia telah menjadi *lifeline* yang menyokong kemakmurannya. Selama lebih dari dua dekade, Singapura berhasil memainkan perannya dengan cerdas: menjadi mitra dagang dan investor utama tanpa menimbulkan resistensi berarti. Pencapaian ini didukung reputasi Singapura sebagai negara kecil yang efisien, non-ancaman secara militer, dan

7. https://databoks.katadata.co.id/en/economics-macro/statistics/d5266564f4c05d1/singapore-is-a-major-investor-in-indonesia#_853ae90f0351324bd73ea615e6487517__4c761f170e016836ff84498202b99827__853ae90f0351324bd73ea615e6487517_text_43ec3e5dee6e706af7766fffea512721_Singapore_0bcef9c45bd8a48eda1b26eb0c61c869_20remains_0bcef9c45bd8a48eda1b26eb0c61c869_20the_0bcef9c45bd8a48eda1b26eb0c61c869_20largest_0bcef9c45bd8a48eda1b26eb0c61c869_20investor_c0cb5f0fcf239ab3d9c1fcd31fff1efc_3_0bcef9c45bd8a48eda1b26eb0c61c869_20billion_0bcef9c45bd8a48eda1b26eb0c61c869_20throughout_0bcef9c45bd8a48eda1b26eb0c61c869_202018

konsisten menawarkan kerjasama win-win. Selama Indonesia merasa mendapatkan manfaat (investasi, teknologi, pasar ekspor), dominasi Singapura akan terus diterima sebagai bagian normal dari arus globalisasi. Namun, Singapura juga harus menyadari sensitivitas yang berkembang – seiring nasionalisme ekonomi bangkit di berbagai negara, Singapura perlu terus memastikan kehadirannya membawa kesejahteraan bersama, bukan sekadar keuntungan sepihak.

Akhir kata, monograf ini berusaha memberikan gambaran utuh berdasarkan data dan analisis dari berbagai sumber terpercaya mengenai fenomena "Perusahaan Singapura Menguasai Ekonomi Indonesia". Kenyataan di lapangan sangat kompleks: ada simbiosis dan friksi, ada keuntungan dan biaya. Keterkaitan ekonomi Indonesia–Singapura adalah contoh nyata interdependensi asimetris di dunia global saat ini[1][8][4][9]. Tantangannya bagi

---

8. https://www.kba13.com/hubungan-indonesia-singapura-2025-analisis-strategis/#_853ae90f0351324bd73ea615e6487517__4c761f170e016836ff84498202b99827__853ae90f0351324bd73ea615e6487517_text_43ec3e5dee6e706af7766fffea512721_Singapura_0bcef9c45bd8a48eda1b26eb0c61c869_20dan_0bcef9c45bd8a48eda1b26eb0c61c869_20Indonesia_0bcef9c45bd8a48eda1b26eb0c61c869_20punya_0bcef9c45bd8a48eda1b26eb0c61c869_20relasi_c0cb5f0fcf239ab3d9c1fcd31fff1efc_masing._0bcef9c45bd8a48eda1b26eb0c61c869_20UNCTAD_0bcef9c45bd8a48eda1b26eb0c61c869_20menegaskan_0bcef9c45bd8a48eda1b26eb0c61c869_20vitalitas
9. https://www.kba13.com/hubungan-indonesia-singapura-2025-analisis-strategis/#_853ae90f0351324bd73ea615e6487517__4c761f170e016836ff84498202b99827__853ae90f0351324bd73ea615e6487517_text_43ec3e5dee6e706af7766fffea512721_interdependensi_0bcef9c45bd8a48eda1b26eb0c61c869_20Singapura_0bcef9c45bd8a48eda1b26eb0c61c869_E2_0bcef9c45bd8a48eda1b26eb0c61c869_80_0bcef9c45bd8a48eda1b26eb0c61c869_93Indonesia_c0cb5f0fcf239ab3d9c1fcd31fff1efc_memanfaatkan_0bcef9c45bd8a48eda1b26eb0c61c869_20kelebihannya_0bcef9c45bd8a48eda1b26eb0c61c8

Indonesia adalah mengelola asimetri ini menuju hubungan yang lebih seimbang dan berkelanjutan ke depan. Sementara tantangannya bagi Singapura adalah mempertahankan relevansi dan kepercayaannya di tengah perubahan lanskap politik Indonesia dan persaingan dari kekuatan ekonomi lain.

Dominasi yang cerdas bukanlah dominasi yang menundukkan, melainkan yang merangkul. Selama kedua negara terus berkomunikasi terbuka, saling menghormati kedaulatan, dan beradaptasi terhadap kepentingan masing-masing, hubungan ekonomi luar biasa ini dapat terus menjadi motor pertumbuhan bagi Indonesia sekaligus penopang kemakmuran bagi Singapura – sebuah model integrasi yang barangkali unik di dunia, lahir dari sejarah dan kondisi khas Asia Tenggara.

---

69_20sebagai_0bcef9c45bd8a48eda1b26eb0c61c869_20negara_0bcef9c45bd8a48eda1b26eb0c61c869_20besar

## Referensi (Daftar Sumber Utama):

- Laporan dan data BKPM / Kementerian Investasi RI, berbagai tahun (termasuk share Singapura dalam FDI)[61][10][55][11][62][12].
- Putusan dan pemberitaan kasus Temasek–KPPU (2007–2010)[15][13][16][14].

---

10. https://www.kba13.com/hubungan-indonesia-singapura-2025-analisis-
strategis/#_853ae90f0351324bd73ea615e6487517__4c761f170e016836ff84498202b99
827__853ae90f0351324bd73ea615e6487517_text_43ec3e5dee6e706af7766fffea512721
_ekonomi_0bcef9c45bd8a48eda1b26eb0c61c869_20Indonesia_c0cb5f0fcf239ab3d9c1fc
d31fff1efc_seperti_0bcef9c45bd8a48eda1b26eb0c61c869_20energi_0bcef9c45bd8a48ed
a1b26eb0c61c869_2C_0bcef9c45bd8a48eda1b26eb0c61c869_20logistik_0bcef9c45bd8
a48eda1b26eb0c61c869_2C_0bcef9c45bd8a48eda1b26eb0c61c869_20dan_0bcef9c45b
d8a48eda1b26eb0c61c869_20fintech
11. https://www.kba13.com/hubungan-indonesia-singapura-2025-analisis-
strategis/#_853ae90f0351324bd73ea615e6487517__4c761f170e016836ff84498202b99
827__853ae90f0351324bd73ea615e6487517_text_43ec3e5dee6e706af7766fffea512721
_Indonesia_c0cb5f0fcf239ab3d9c1fcd31fff1efc_Batam_0bcef9c45bd8a48eda1b26eb0c61
c869_2C_0bcef9c45bd8a48eda1b26eb0c61c869_20Kendal_0bcef9c45bd8a48eda1b26e
b0c61c869_2C_0bcef9c45bd8a48eda1b26eb0c61c869_20Bintan
12. https://databoks.katadata.co.id/en/economics-macro/statistics/d5266564f4c05d1/
singapore-is-a-major-investor-in-
indonesia#_853ae90f0351324bd73ea615e6487517__4c761f170e016836ff84498202b99
827__853ae90f0351324bd73ea615e6487517_text_43ec3e5dee6e706af7766fffea512721
_Singapore_0bcef9c45bd8a48eda1b26eb0c61c869_20remains_0bcef9c45bd8a48eda1b2
6eb0c61c869_20the_0bcef9c45bd8a48eda1b26eb0c61c869_20largest_0bcef9c45bd8a48
eda1b26eb0c61c869_20investor_c0cb5f0fcf239ab3d9c1fcd31fff1efc_3_0bcef9c45bd8a4
8eda1b26eb0c61c869_20billion_0bcef9c45bd8a48eda1b26eb0c61c869_20throughout_
0bcef9c45bd8a48eda1b26eb0c61c869_202018

- Berita Reuters tentang akuisisi Bank Danamon oleh DBS (gagal 2013)[39][15] dan penjualan Indosat oleh Temasek

13. https://www.reuters.com/article/markets/funds/indonesian-court-rejects-temaseks-final-appeal-on-telecoms-idUSJAK180737/#_853ae90f0351324bd73ea615e6487517__4c761f170e016836ff84498202b99827__853ae90f0351324bd73ea615e6487517_text_43ec3e5dee6e706af7766fffea512721_Temasek_0bcef9c45bd8a48eda1b26eb0c61c869_2C_0bcef9c45bd8a48eda1b26eb0c61c869_20through_0bcef9c45bd8a48eda1b26eb0c61c869_20its_0bcef9c45bd8a48eda1b26eb0c61c869_20units_0bcef9c45bd8a48eda1b26eb0c61c869_2C_0bcef9c45bd8a48eda1b26eb0c61c869_20held_c0cb5f0fcf239ab3d9c1fcd31fff1efc_in_0bcef9c45bd8a48eda1b26eb0c61c869_20Southeast_0bcef9c45bd8a48eda1b26eb0c61c869_20Asia_0bcef9c45bd8a48eda1b26eb0c61c869_27s_0bcef9c45bd8a48eda1b26eb0c61c869_20largest_0bcef9c45bd8a48eda1b26eb0c61c869_20economy
14. https://www.reuters.com/article/business/risk-taker-ho-ching-has-no-regrets-idUSTRE5152VT/#_853ae90f0351324bd73ea615e6487517__4c761f170e016836ff84498202b99827__853ae90f0351324bd73ea615e6487517_text_43ec3e5dee6e706af7766fffea512721_Shin_0bcef9c45bd8a48eda1b26eb0c61c869_20has_0bcef9c45bd8a48eda1b26eb0c61c869_20since_0bcef9c45bd8a48eda1b26eb0c61c869_20lost_0bcef9c45bd8a48eda1b26eb0c61c869_20about_c0cb5f0fcf239ab3d9c1fcd31fff1efc_thirds_0bcef9c45bd8a48eda1b26eb0c61c869_20of_0bcef9c45bd8a48eda1b26eb0c61c869_20its_0bcef9c45bd8a48eda1b26eb0c61c869_20market_0bcef9c45bd8a48eda1b26eb0c61c869_20value
15. https://www.reuters.com/article/business/dbs-pulls-the-plug-on-bank-danamon-deal-idUSBRE96U0F1/#_853ae90f0351324bd73ea615e6487517__4c761f170e016836ff84498202b99827__853ae90f0351324bd73ea615e6487517_text_43ec3e5dee6e706af7766fffea512721_Indonesia_0bcef9c45bd8a48eda1b26eb0c61c869_27s_0bcef9c45bd8a48eda1b26eb0c61c869_20central_0bcef9c45bd8a48eda1b26eb0c61c869_20bank_0bcef9c45bd8a48eda1b26eb0c61c869_20has_0bcef9c45bd8a48eda1b26eb0c61c869_20put_c0cb5f0fcf239ab3d9c1fcd31fff1efc_its_0bcef9c45bd8a48eda1b26eb0c61c869_20existing_0bcef9c45bd8a48eda1b26eb0c61c869_20business_0bcef9c45bd8a48eda1b26eb0c61c869_20in_0bcef9c45bd8a48eda1b26eb0c61c869_20Indonesia

ke Qatar[18][16].

- Analisis ISEAS – Yusof Ishak Institute & KBA13 Insight mengenai interdependensi ekonomi Indonesia–Singapura (2024)[2][17][55][18][4][19].

---

16. https://www.reuters.com/article/markets/funds/indonesian-court-rejects-temaseks-final-appeal-on-telecoms-idUSJAK180737/#_853ae90f0351324bd73ea615e6487517__4c761f170e016836ff84498202b99827__853ae90f0351324bd73ea615e6487517_text_43ec3e5dee6e706af7766fffea512721_Sign_0bcef9c45bd8a48eda1b26eb0c61c869_20up_0bcef9c45bd8a48eda1b26eb0c61c869_20here
17. https://www.kba13.com/hubungan-indonesia-singapura-2025-analisis-strategis/#_853ae90f0351324bd73ea615e6487517__4c761f170e016836ff84498202b99827__853ae90f0351324bd73ea615e6487517_text_43ec3e5dee6e706af7766fffea512721_Masuk_0bcef9c45bd8a48eda1b26eb0c61c869_20akal_0bcef9c45bd8a48eda1b26eb0c61c869_20saja_0bcef9c45bd8a48eda1b26eb0c61c869_20kalau_0bcef9c45bd8a48eda1b26eb0c61c869_20ekonomi_c0cb5f0fcf239ab3d9c1fcd31fff1efc_juga_0bcef9c45bd8a48eda1b26eb0c61c869_20sumber_0bcef9c45bd8a48eda1b26eb0c61c869_20iri_0bcef9c45bd8a48eda1b26eb0c61c869_20dan_0bcef9c45bd8a48eda1b26eb0c61c869_20curiga
18. https://www.kba13.com/hubungan-indonesia-singapura-2025-analisis-strategis/#_853ae90f0351324bd73ea615e6487517__4c761f170e016836ff84498202b99827__853ae90f0351324bd73ea615e6487517_text_43ec3e5dee6e706af7766fffea512721_Indonesia_c0cb5f0fcf239ab3d9c1fcd31fff1efc_Batam_0bcef9c45bd8a48eda1b26eb0c61c869_2C_0bcef9c45bd8a48eda1b26eb0c61c869_20Kendal_0bcef9c45bd8a48eda1b26eb0c61c869_2C_0bcef9c45bd8a48eda1b26eb0c61c869_20Bintan
19. https://www.kba13.com/hubungan-indonesia-singapura-2025-analisis-strategis/#_853ae90f0351324bd73ea615e6487517__4c761f170e016836ff84498202b99827__853ae90f0351324bd73ea615e6487517_text_43ec3e5dee6e706af7766fffea512721_interdependensi_0bcef9c45bd8a48eda1b26eb0c61c869_20Singapura_0bcef9c45bd8a48eda1b26eb0c61c869_E2_0bcef9c45bd8a48eda1b26eb0c61c869_80_0bcef9c45bd8a48eda1b26eb0c61c869_93Indonesia_c0cb5f0fcf239ab3d9c1fcd31fff1efc_memanfaatkan_0bc

- Forbes Billionaires dan sumber Caproasia tentang kekayaan Martua Sitorus & Sukanto Tanoto di Singapura[30][20].
- Snowden leaks via International Policy Digest (2014) tentang kerjasama intelijen Singapura-NSA & peran SingTel[25][21][44][22].

---

ef9c45bd8a48eda1b26eb0c61c869_20kelebihannya_0bcef9c45bd8a48eda1b26eb0c61c869_20sebagai_0bcef9c45bd8a48eda1b26eb0c61c869_20negara_0bcef9c45bd8a48eda1b26eb0c61c869_20besar

20. https://www.caproasia.com/2024/04/19/forbes-billionaires-list-singapore-2024-52-billionaires-with-155-billion-net-worth-top-10-billionaires-are-eduardo-saverin-goh-cheng-liang-philip-ng-robert-ng-leo-koguan-zhang-yong-takao-yasu/#_853ae90f0351324bd73ea615e6487517__4c761f170e016836ff84498202b99827__853ae90f0351324bd73ea615e6487517_text_43ec3e5dee6e706af7766fffea512721_10_c0cb5f0fcf239ab3d9c1fcd31fff1efc_9_0bcef9c45bd8a48eda1b26eb0c61c869_20billion
21. https://intpolicydigest.org/snowden-docs-won-t-affect-u-s-singapore-ties/#_853ae90f0351324bd73ea615e6487517__4c761f170e016836ff84498202b99827__853ae90f0351324bd73ea615e6487517_text_43ec3e5dee6e706af7766fffea512721_the_0bcef9c45bd8a48eda1b26eb0c61c869_20leaked_0bcef9c45bd8a48eda1b26eb0c61c869_20documents_0bcef9c45bd8a48eda1b26eb0c61c869_2C_0bcef9c45bd8a48eda1b26eb0c61c869_20Singapore_0bcef9c45bd8a48eda1b26eb0c61c869_20is_c0cb5f0fcf239ab3d9c1fcd31fff1efc_are_0bcef9c45bd8a48eda1b26eb0c61c869_20being_0bcef9c45bd8a48eda1b26eb0c61c869_20routed_0bcef9c45bd8a48eda1b26eb0c61c869_20through_0bcef9c45bd8a48eda1b26eb0c61c869_20Singapore
22. https://intpolicydigest.org/snowden-docs-won-t-affect-u-s-singapore-ties/#_853ae90f0351324bd73ea615e6487517__4c761f170e016836ff84498202b99827__853ae90f0351324bd73ea615e6487517_text_43ec3e5dee6e706af7766fffea512721_factionalism_c0cb5f0fcf239ab3d9c1fcd31fff1efc_is_0bcef9c45bd8a48eda1b26eb0c61c869_20enhanced_0bcef9c45bd8a48eda1b26eb0c61c869_20as_0bcef9c45bd8a48eda1b26eb0c61c869_20a_0bcef9c45bd8a48eda1b26eb0c61c869_20result

- Studi akademis "Singapore's Gambit" (Caroline Yeoh, SMU) tentang industrial park Batamindo[31][23].
- Laporan media Antara (2025) investasi Singapura di Indonesia[36][24].
- Artikel Reuters "Risk-taker Ho Ching" (2009) menyangkut Temasek di Indosat & Shin Corp[16][25].
- Berbagai laporan think tank internasional (Brookings, Lowy Institute) tentang hubungan ekonomi dan isu kabut asap[6][26][49][27].

---

23. https://ink.library.smu.edu.sg/cgi/viewcontent.cgi?article=3881&context=lkcsb_research#_853ae90f0351324bd73ea615e6487517__4c761f170e016836ff84498202b99827__853ae90f0351324bd73ea615e6487517_text_43ec3e5dee6e706af7766fffea512721__c0cb5f0fcf239ab3d9c1fcd31fff1efc_venture_0bcef9c45bd8a48eda1b26eb0c61c869_20between_0bcef9c45bd8a48eda1b26eb0c61c869_20two_0bcef9c45bd8a48eda1b26eb0c61c869_20Singapore
24. https://en.antaranews.com/news/371937/singapore-china-lead-foreign-investment-in-indonesia-in-2025-pco#_853ae90f0351324bd73ea615e6487517__4c761f170e016836ff84498202b99827__853ae90f0351324bd73ea615e6487517_text_43ec3e5dee6e706af7766fffea512721__c0cb5f0fcf239ab3d9c1fcd31fff1efc_he_0bcef9c45bd8a48eda1b26eb0c61c869_20said
25. https://www.reuters.com/article/business/risk-taker-ho-ching-has-no-regrets-idUSTRE5152V1/#_853ae90f0351324bd73ea615e6487517__4c761f170e016836ff84498202b99827__853ae90f0351324bd73ea615e6487517_text_43ec3e5dee6e706af7766fffea512721_Shin_0bcef9c45bd8a48eda1b26eb0c61c869_20has_0bcef9c45bd8a48eda1b26eb0c61c869_20since_0bcef9c45bd8a48eda1b26eb0c61c869_20lost_0bcef9c45bd8a48eda1b26eb0c61c869_20about_c0cb5f0fcf239ab3d9c1fcd31fff1efc_thirds_0bcef9c45bd8a48eda1b26eb0c61c869_20of_0bcef9c45bd8a48eda1b26eb0c61c869_20its_0bcef9c45bd8a48eda1b26eb0c61c869_20market_0bcef9c45bd8a48eda1b26eb0c61c869_20value
26. https://www.kba13.com/hubungan-indonesia-singapura-2025-analisis-strategis/#_853ae90f0351324bd73ea615e6487517__4c761f170e016836ff84498202b99

Dan sumber-sumber pendukung lain yang tersitasi dalam tulisan ini, memberikan fondasi fakta non-Wikipedia yang kuat untuk setiap klaim yang disampaikan. Semua referensi diusahakan "super valid" – berasal dari lembaga resmi, media kredibel, atau publikasi riset – sehingga diharapkan dapat menjadi basis kajian yang obyektif dan mendalam.

[61][28][62][29][2][30][16][31]

---

827__853ae90f0351324bd73ea615e6487517_text_43ec3e5dee6e706af7766fffea512721
_banyak_0bcef9c45bd8a48eda1b26eb0c61c869_20perusahaan_0bcef9c45bd8a48eda1b2
6eb0c61c869_20Indonesia_0bcef9c45bd8a48eda1b26eb0c61c869_20melakukan_0bcef9
c45bd8a48eda1b26eb0c61c869_20listing_c0cb5f0fcf239ab3d9c1fcd31fff1efc_juga_0bce
f9c45bd8a48eda1b26eb0c61c869_20sumber_0bcef9c45bd8a48eda1b26eb0c61c869_20i
ri_0bcef9c45bd8a48eda1b26eb0c61c869_20dan_0bcef9c45bd8a48eda1b26eb0c61c869_
20curiga

27. https://www.kba13.com/hubungan-indonesia-singapura-2025-analisis-
strategis/#_853ae90f0351324bd73ea615e6487517__4c761f170e016836ff84498202b99
827__853ae90f0351324bd73ea615e6487517_text_43ec3e5dee6e706af7766fffea512721
_Namanya_0bcef9c45bd8a48eda1b26eb0c61c869_20juga_0bcef9c45bd8a48eda1b26eb0
c61c869_20ASEAN_0bcef9c45bd8a48eda1b26eb0c61c869_E2_0bcef9c45bd8a48eda1b
26eb0c61c869_80_0bcef9c45bd8a48eda1b26eb0c61c869_94non_c0cb5f0fcf239ab3d9c
1fcd31fff1efc_lingkungan_0bcef9c45bd8a48eda1b26eb0c61c869_2C_0bcef9c45bd8a48
eda1b26eb0c61c869_20juga_0bcef9c45bd8a48eda1b26eb0c61c869_20terasa_0bcef9c45
bd8a48eda1b26eb0c61c869_20secara_0bcef9c45bd8a48eda1b26eb0c61c869_20ekonom
i

28. https://www.kba13.com/hubungan-indonesia-singapura-2025-analisis-
strategis/#_853ae90f0351324bd73ea615e6487517__4c761f170e016836ff84498202b99
827__853ae90f0351324bd73ea615e6487517_text_43ec3e5dee6e706af7766fffea512721
_ekonomi_0bcef9c45bd8a48eda1b26eb0c61c869_20Indonesia_c0cb5f0fcf239ab3d9c1fc
d31fff1efc_seperti_0bcef9c45bd8a48eda1b26eb0c61c869_20energi_0bcef9c45bd8a48ed
a1b26eb0c61c869_2C_0bcef9c45bd8a48eda1b26eb0c61c869_20logistik_0bcef9c45bd8

[1][32] [2][33] [3][34] [4][35] [5][36] [6][37] [7][38] [8][39] [38][40] [46][41] [49][42] [54][43] [55][44] [57][45] [58][46] [59][47] [61][48] Relasi

---

a48eda1b26eb0c61c869_2C_0bcef9c45bd8a48eda1b26eb0c61c869_20dan_0bcef9c45bd8a48eda1b26eb0c61c869_20fintech

29. https://databoks.katadata.co.id/en/economics-macro/statistics/d5266564f4c05d1/singapore-is-a-major-investor-in-indonesia#_853ae90f0351324bd73ea615e6487517__4c761f170e016836ff84498202b99827__853ae90f0351324bd73ea615e6487517_text_43ec3e5dee6e706af7766fffea512721_Singapore_0bcef9c45bd8a48eda1b26eb0c61c869_20remains_0bcef9c45bd8a48eda1b26eb0c61c869_20the_0bcef9c45bd8a48eda1b26eb0c61c869_20largest_0bcef9c45bd8a48eda1b26eb0c61c869_20investor_c0cb5f0fcf239ab3d9c1fcd31fff1efc_3_0bcef9c45bd8a48eda1b26eb0c61c869_20billion_0bcef9c45bd8a48eda1b26eb0c61c869_20throughout_0bcef9c45bd8a48eda1b26eb0c61c869_202018

30. https://www.kba13.com/hubungan-indonesia-singapura-2025-analisis-strategis/#_853ae90f0351324bd73ea615e6487517__4c761f170e016836ff84498202b99827__853ae90f0351324bd73ea615e6487517_text_43ec3e5dee6e706af7766fffea512721_Masuk_0bcef9c45bd8a48eda1b26eb0c61c869_20akal_0bcef9c45bd8a48eda1b26eb0c61c869_20saja_0bcef9c45bd8a48eda1b26eb0c61c869_20kalau_0bcef9c45bd8a48eda1b26eb0c61c869_20ekonomi_c0cb5f0fcf239ab3d9c1fcd31fff1efc_juga_0bcef9c45bd8a48eda1b26eb0c61c869_20sumber_0bcef9c45bd8a48eda1b26eb0c61c869_20iri_0bcef9c45bd8a48eda1b26eb0c61c869_20dan_0bcef9c45bd8a48eda1b26eb0c61c869_20curiga

31. https://www.reuters.com/article/business/risk-taker-ho-ching-has-no-regrets-idUSTRE5152VT/#_853ae90f0351324bd73ea615e6487517__4c761f170e016836ff84498202b99827__853ae90f0351324bd73ea615e6487517_text_43ec3e5dee6e706af7766fffea512721_Shin_0bcef9c45bd8a48eda1b26eb0c61c869_20has_0bcef9c45bd8a48eda1b26eb0c61c869_20since_0bcef9c45bd8a48eda1b26eb0c61c869_20lost_0bcef9c45bd8a48eda1b26eb0c61c869_20about_c0cb5f0fcf239ab3d9c1fcd31fff1efc_thirds_0bcef9c45bd8a48eda1b26eb0c61c869_20of_0bcef9c45bd8a48eda1b26eb0c61c869_20its_0bcef9c45bd8a48eda1b26eb0c61c869_20market_0bcef9c45bd8a48eda1b26eb0c61c869_20value

39. https://www.kba13.cc
strategis/#_853ae90f03513
827__853ae90f0351324bd
_Indonesia_c0cb5f0fcf239a
c869_2C_0bcef9c45bd8a4
b0c61c869_2C_0bcef9c45

40. https://www.kba13.c
strategis/#_853ae90f03513
827__853ae90f0351324bc
_global_0bcef9c45bd8a48
1c869_20mengalir_0bcef9
26eb0c61c869_20Indones
a48eda1b26eb0c61c869_2
d8a48eda1b26eb0c61c869
_0bcef9c45bd8a48eda1b2

41. https://www.kba13.
strategis/#_853ae90f0351
827__853ae90f0351324b
_ini_0bcef9c45bd8a48ed
69_20mewarnai_0bcef9c4
da1b26eb0c61c869_20Si
8a48eda1b26eb0c61c869

42. https://www.kba13.
strategis/#_853ae90f035
827 853ae90f0351324b
_Namanya_0bcef9c45bd
c61c869_20ASEAN_0b
26eb0c61c869_80_0bcef
1fcd31fff1efc_lingkunga
eda1b26eb0c61c869_20j

32. https://www.kba13.com/hubungan-indonesia-singapura-2025-analisis-strategis/#_853ae90f0351324bd73ea615e6487517__4c761f170e016836ff84498202b99827__853ae90f0351324bd73ea615e6487517_text_43ec3e5dee6e706af7766fffea512721_Singapura_0bcef9c45bd8a48eda1b26eb0c61c869_20dan_0bcef9c45bd8a48eda1b26eb0c61c869_20Indonesia_0bcef9c45bd8a48eda1b26eb0c61c869_20punya_0bcef9c45bd8a48eda1b26eb0c61c869_20relasi_c0cb5f0fcf239ab3d9c1fcd31fff1efc_masing._0bcef9c45bd8a48eda1b26eb0c61c869_20UNCTAD_0bcef9c45bd8a48eda1b26eb0c61c869_20menegaskan_0bcef9c45bd8a48eda1b26eb0c61c869_20vitalitas

33. https://www.kba13.com/hubungan-indonesia-singapura-2025-analisis-strategis/#_853ae90f0351324bd73ea615e6487517__4c761f170e016836ff84498202b99827__853ae90f0351324bd73ea615e6487517_text_43ec3e5dee6e706af7766fffea512721_Masuk_0bcef9c45bd8a48eda1b26eb0c61c869_20akal_0bcef9c45bd8a48eda1b26eb0c61c869_20saja_0bcef9c45bd8a48eda1b26eb0c61c869_20kalau_0bcef9c45bd8a48eda1b26eb0c61c869_20ekonomi_c0cb5f0fcf239ab3d9c1fcd31fff1efc_juga_0bcef9c45bd8a48eda1b26eb0c61c869_20sumber_0bcef9c45bd8a48eda1b26eb0c61c869_20iri_0bcef9c45bd8a48eda1b26eb0c61c869_20dan_0bcef9c45bd8a48eda1b26eb0c61c869_20curiga

34. https://www.kba13.com/hubungan-indonesia-singapura-2025-analisis-strategis/#_853ae90f0351324bd73ea615e6487517__4c761f170e016836ff84498202b99827__853ae90f0351324bd73ea615e6487517_text_43ec3e5dee6e706af7766fffea512721_simpul_0bcef9c45bd8a48eda1b26eb0c61c869_20perdagangan_0bcef9c45bd8a48eda1b26eb0c61c869_20dan_0bcef9c45bd8a48eda1b26eb0c61c869_20keuangan_0bcef9c45bd8a48eda1b26eb0c61c869_20regional_0bcef9c45bd8a48eda1b26eb0c61c869_3B_c0cb5f0fcf239ab3d9c1fcd31fff1efc_Pasifik_0bcef9c45bd8a48eda1b26eb0c61c869_20sebagai_0bcef9c45bd8a48eda1b26eb0c61c869_20teater_0bcef9c45bd8a48eda1b26eb0c61c869_20kompetisi

35. https://www.kba13.com/hubungan-indonesia-singapura-2025-analisis-strategis/#_853ae90f0351324bd73ea615e6487517__4c761f170e016836ff84498202b99827__853ae90f0351324bd73ea615e6487517_text_43ec3e5dee6e706af7766fffea512721_interdependensi_0bcef9c45bd8a48eda1b26eb0c61c869_20Singapura_0bcef9c45bd8a48eda1b26eb0c61c869_E2_0bcef9c45bd8a48eda1b26eb0c61c869_80_0bcef9c45bd8a48ed

a1b26eb0c61c869_93Indo
ef9c45bd8a48eda1b26eb0c
69_20sebagai_0bcef9c45b
26eb0c61c869_20besar

36. https://www.kba13.c
strategis/#_853ae90f0351
827__853ae90f0351324b
_Selat_0bcef9c45bd8a48e
61c869_E2_0bcef9c45bd
c869_93Singapura_c0cb5
c61c869_20Selat_0bcef9c
a1b26eb0c61c869_20dan

37. https://www.kba13.
strategis/#_853ae90f0351
827__853ae90f0351324b
_banyak_0bcef9c45bd8a
6eb0c61c869_20Indones
c45bd8a48eda1b26eb0c6
f9c45bd8a48eda1b26eb0
ri_0bcef9c45bd8a48eda1
20curiga

38. https://www.kba1
strategis/#_853ae90f035
827__853ae90f0351324
_Contoh_0bcef9c45bd
61c869_20nyata_0bcef
b0c61c869_20Ketika_0
9ab3d9c1fcd31fff1efc_t
8a48eda1b26eb0c61c8
f9c45bd8a48eda1b26eb



[36][84] Singapore, China lead foreign investment in Indonesia in 2025: PCO - ANTARA News

https://en.antaranews.com/news/371937/singapore-china-lead-foreign-investment-in-indonesia-in-2025-pco

[37][85] Temasek comes full circle with BII stake - Malaysia-today.net

https://www.malaysia-today.net/2008/08/11/temasek-comes-full-circle-with-bii-stake/

[41][86] asiapacific.ca

84. https://en.antaranews.com/news/371937/singapore-china-lead-foreign-investment-in-indonesia-in-2025-pco#_853ae90f0351324bd73ea615e6487517__4c761f170e016836ff84498202b99827__853ae90f0351324bd73ea615e6487517_text_43ec3e5dee6e706af7766fffea512721__c0cb5f0fcf239ab3d9c1fcd31fff1efc_he_0bcef9c45bd8a48eda1b26eb0c61c869_20said

85. https://www.malaysia-today.net/2008/08/11/temasek-comes-full-circle-with-bii-stake/#_853ae90f0351324bd73ea615e6487517__4c761f170e016836ff84498202b99827__853ae90f0351324bd73ea615e6487517_text_43ec3e5dee6e706af7766fffea512721_Temasek_0bcef9c45bd8a48eda1b26eb0c61c869_20comes_0bcef9c45bd8a48eda1b26eb0c61c869_20full_0bcef9c45bd8a48eda1b26eb0c61c869_20circle_0bcef9c45bd8a48eda1b26eb0c61c869_20with_c0cb5f0fcf239ab3d9c1fcd31fff1efc_just_0bcef9c45bd8a48eda1b26eb0c61c869_20after_0bcef9c45bd8a48eda1b26eb0c61c869_20Temasek_0bcef9c45bd8a48eda1b26eb0c61c869_20and

86. https://www.asiapacific.ca/sites/default/files/publication-pdf/2023%20Thought%20Leaders%27%20Perspectives%20Study%20Singapore%20Indonesia.pdf#_853ae90f0351324bd73ea615e6487517__4c761f170e016836ff84498202b99827__853ae90f0351324bd73ea615e6487517_text_43ec3e5dee6e706af7766fffea512721_A_0bcef9c45bd8a48eda1b26eb0c61c869_20majority_0bcef9c45bd8a48eda1b26eb0c61c869_20of_0bcef9c45bd8a48eda1b26eb0c61c869_20thought_0bcef9c45bd8a48eda1b26eb0c61c869_20leaders_c0cb5f0fcf239ab3d9c1fcd31fff1efc_The_0bcef9c45bd8a48eda1b26eb

https://www.asiapacific.ca/sites/default/files/publication-pdf/2023%20Thought%20Leaders%27%20Perspectives%20Study%20Singap

[42][87] Security and Intelligence Division - Wikipedia

https://en.wikipedia.org/wiki/Security_and_Intelligence_Division

[45][88] Opening Remarks by PM Lee Hsien Loong at the Singapore ... - PMO

https://www.pmo.gov.sg/Newsroom/opening-remarks-pm-lee-hsien-loong-singapore-indonesia-investment-forum

[48][89] Fitch Places Maybank IDRs On Rating Watch Evolving After BII ...

---

0c61c869_20EDB_0bcef9c45bd8a48eda1b26eb0c61c869_20operates_0bcef9c45bd8a48eda1b26eb0c61c869_20under

87. https://en.wikipedia.org/wiki/Security_and_Intelligence_Division#_853ae90f0351324bd73ea615e6487517__4c761f170e016836ff84498202b99827__853ae90f0351324bd73ea615e6487517_text_43ec3e5dee6e706af7766fffea512721_Security_0bcef9c45bd8a48eda1b26eb0c61c869_20and_0bcef9c45bd8a48eda1b26eb0c61c869_20Intelligence_0bcef9c45bd8a48eda1b26eb0c61c869_20Division_0bcef9c45bd8a48eda1b26eb0c61c869_20_c0cb5f0fcf239ab3d9c1fcd31fff1efc_MINDEF

88. https://www.pmo.gov.sg/Newsroom/opening-remarks-pm-lee-hsien-loong-singapore-indonesia-investment-forum#_853ae90f0351324bd73ea615e6487517__4c761f170e016836ff84498202b99827__853ae90f0351324bd73ea615e6487517_text_43ec3e5dee6e706af7766fffea512721_Opening_0bcef9c45bd8a48eda1b26eb0c61c869_20Remarks_0bcef9c45bd8a48eda1b26eb0c61c869_20by_0bcef9c45bd8a48eda1b26eb0c61c869_20PM_0bcef9c45bd8a48eda1b26eb0c61c869_20Lee_c0cb5f0fcf239ab3d9c1fcd31fff1efc_Investments_0bcef9c45bd8a48eda1b26eb0c61c869_20range_0bcef9c45bd8a48eda1b26eb0c61c869_20from_0bcef9c45bd8a48eda1b26eb0c61c869_20infrastructure

https://www.fitchratings.com/research/banks/fitch-places-maybank-idrs-on-rating-watch-evolving-after-bii-announcement-26-03-2008

[51][90] Indonesia Studies - ISEAS-Yusof Ishak Institute

https://www.iseas.edu.sg/programmes/country-studies-programme/indonesia-studies/indonesia-studies/

[52][91] Temasek to fight verdict

---

89. https://www.fitchratings.com/research/banks/fitch-places-maybank-idrs-on-rating-watch-evolving-after-bii-announcement-26-03-2008#_853ae90f0351324bd73ea615e6487517__4c761f170e016836ff84498202b99827__853ae90f0351324bd73ea615e6487517_text_43ec3e5dee6e706af7766fffea512721__c0cb5f0fcf239ab3d9c1fcd31fff1efc_Additionally_0bcef9c45bd8a48eda1b26eb0c61c869_2C_0bcef9c45bd8a48eda1b26eb0c61c869_20as_0bcef9c45bd8a48eda1b26eb0c61c869_20per

90. https://www.iseas.edu.sg/programmes/country-studies-programme/indonesia-studies/indonesia-studies/#_853ae90f0351324bd73ea615e6487517__4c761f170e016836ff84498202b99827__853ae90f0351324bd73ea615e6487517_text_43ec3e5dee6e706af7766fffea512721_Indonesia_0bcef9c45bd8a48eda1b26eb0c61c869_20Studies_0bcef9c45bd8a48eda1b26eb0c61c869_20_c0cb5f0fcf239ab3d9c1fcd31fff1efc_campaign_0bcef9c45bd8a48eda1b26eb0c61c869_20dynamics_0bcef9c45bd8a48eda1b26eb0c61c869_2C_0bcef9c45bd8a48eda1b26eb0c61c869_20patterns_0bcef9c45bd8a48eda1b26eb0c61c869_20of

91. https://www.temasek.com.sg/zh/news-and-resources/news-room/news/2007/temasek-to-fight-verdict#_853ae90f0351324bd73ea615e6487517__4c761f170e016836ff84498202b99827__853ae90f0351324bd73ea615e6487517_text_43ec3e5dee6e706af7766fffea512721_Temasek_0bcef9c45bd8a48eda1b26eb0c61c869_20to_0bcef9c45bd8a48eda1b26eb0c61c869_20fight_0bcef9c45bd8a48eda1b26eb0c61c869_20verdict_0bcef9c45bd8a48eda1b26eb0c61c869_20The_c0cb5f0fcf239ab3d9c1fcd31fff1efc_at_0bcef9c45bd8a48eda1b26eb0c61c869_20that_0bcef9c45bd8a48eda1b26eb0c61c869_20time_0bcef9c45bd8a48eda1b26eb0c61c869_2C_0bcef9c45bd8a48eda1b26eb0c61c869_20the

https://www.temasek.com.sg/zh/news-and-resources/news-room/news/2007/temasek-to-fight-verdict

[60][92] Indonesia: The World's Best-Kept Investment Secret? - Milken Institute

https://milkeninstitute.org/content-hub/research-and-reports/reports/indonesia-worlds-best-kept-investment-secret

[62][93] Singapore is a Major Investor in Indonesia

https://databoks.katadata.co.id/en/economics-macro/statistics/d5266564f4c05d1/singapore-is-a-major-investor-in-indonesia

---

92. https://milkeninstitute.org/content-hub/research-and-reports/reports/indonesia-worlds-best-kept-investment-secret#_853ae90f0351324bd73ea615e6487517__4c761f170e016836ff84498202b99827__853ae90f0351324bd73ea615e6487517_text_43ec3e5dee6e706af7766fffea512721_Indonesia_0bcef9c45bd8a48eda1b26eb0c61c869_3A_0bcef9c45bd8a48eda1b26eb0c61c869_20The_0bcef9c45bd8a48eda1b26eb0c61c869_20World_0bcef9c45bd8a48eda1b26eb0c61c869_27s_0bcef9c45bd8a48eda1b26eb0c61c869_20Best_c0cb5f0fcf239ab3d9c1fcd31fff1efc_income

93. https://databoks.katadata.co.id/en/economics-macro/statistics/d5266564f4c05d1/singapore-is-a-major-investor-in-indonesia#_853ae90f0351324bd73ea615e6487517__4c761f170e016836ff84498202b99827__853ae90f0351324bd73ea615e6487517_text_43ec3e5dee6e706af7766fffea512721_Singapore_0bcef9c45bd8a48eda1b26eb0c61c869_20remains_0bcef9c45bd8a48eda1b26eb0c61c869_20the_0bcef9c45bd8a48eda1b26eb0c61c869_20largest_0bcef9c45bd8a48eda1b26eb0c61c869_20investor_c0cb5f0fcf239ab3d9c1fcd31fff1efc_3_0bcef9c45bd8a48eda1b26eb0c61c869_20billion_0bcef9c45bd8a48eda1b26eb0c61c869_20throughout_0bcef9c45bd8a48eda1b26eb0c61c869_202018

# Tentang KBA13 Insight

KBA13 Insight adalah sebuah platform analisis strategis yang berfokus pada isu-isu geopolitik, keamanan, intelijen, politik, sosial, hukum, dan budaya. Dibangun dari tradisi keilmuan dan pengalaman panjang dalam riset akademik serta keterlibatan di ranah publik, KBA13 Insight hadir sebagai ruang pemikiran kritis dan reflektif yang menyajikan narasi, ulasan, serta interpretasi mendalam terhadap fenomena kontemporer di Indonesia, Asia Tenggara, hingga tataran global.

KBA13 Insight merupakan bagian dari ekosistem digital KBA13, yang digagas oleh Prof. Kamaruzzaman Bustamam Ahmad, seorang akademisi, peneliti keamanan, dan analis intelijen strategis. Melalui KBA13 Insight, pembaca disajikan tulisan analitis yang berupaya membongkar lapisan terdalam dari setiap isu, mulai dari pergeseran politik domestik, dinamika keamanan regional, operasi intelijen global, hingga transformasi budaya digital.

Kami percaya bahwa setiap fenomena geopolitik dan keamanan tidak berdiri sendiri, melainkan selalu berkelindan dengan aspek sosial, ekonomi, agama, dan budaya. Karena itu, KBA13 Insight menggabungkan pendekatan interdisipliner untuk menghadirkan analisis yang tidak hanya faktual, tetapi juga visioner.

Misi

Menjadi rujukan utama dalam analisis geopolitik, keamanan, dan intelijen di Indonesia.

Menyediakan wawasan strategis bagi pembuat kebijakan, akademisi, mahasiswa, dan masyarakat luas.

Mengintegrasikan perspektif lokal Aceh, nasional Indonesia, dan global dalam satu bingkai analisis kritis.

KBA13 Insight bukan sekadar media analisis, melainkan jembatan antara akademisi dan publik. Setiap artikel ditulis dengan metodologi riset, data valid, serta pendekatan multidisiplin. Hal ini menegaskan otoritas KBA13 Insight sebagai platform premium dalam menyajikan pengetahuan kritis dan independen.

Dengan demikian, KBA13 Insight berdiri sebagai ruang pemikiran strategis yang menawarkan pemahaman lebih dalam tentang dunia yang terus berubah, serta menyiapkan pembaca untuk menghadapi kompleksitas geopolitik, intelijen, dan transformasi sosial budaya di era global.